Tesoros de mi isla

Una infancia cubana

Tesoros de mi isla

Una infancia cubana

Incluye los libros

Allá donde florecen los framboyanes

Bajo las palmas reales

(ganador del Premio Pura Belpré)

y la nueva colección de relatos

Días en la Quinta Simoni

Alma Flor Ada

Ilustraciones de Edel Rodríguez
y Antonio Martorell

loqueleo

Título original en inglés:
Island Treasures: Growing Up in Cuba

© De esta edición: 2016, Santillana USA Publishing Company, Inc.
2023 NW 84th Avenue, Miami, FL 33122, USA
www.santillanausa.com

Dirección editorial: Isabel C. Mendoza
Cuidado de la edición: Ana I. Antón
Montaje: Claudia Baca
Ilustraciones: Antonio Martorell y Edel Rodríguez

Tesoros de mi isla: una infancia cubana incluye los siguientes textos:
Allá donde florecen los framboyanes
© Del texto: 1994, Alma Flor Ada
© De las ilustraciones: 1994, Antonio Martorell
Bajo las palmas reales
© Del texto: 1998, Alma Flor Ada
© De las fotografías: 1998, Alma Flor Ada
Días en la Quinta Simoni (Incluye los relatos *Pregones*, *Barquitos de papel*,
Barriletes, *Rondas y juegos* y *Días de circo*)
© Del texto: 2015, Alma Flor Ada
© De las ilustraciones: 2015, Edel Rodríguez
© De las fotografías: 2015, Alma Flor Ada

Loqueleo es un sello de **Santillana**. Estas son sus sedes:
ARGENTINA, BOLIVIA, BRASIL, CHILE, COLOMBIA, COSTA RICA, ECUADOR,
EL SALVADOR, ESPAÑA, ESTADOS UNIDOS, GUATEMALA, MÉXICO, PANAMÁ,
PARAGUAY, PERÚ, PORTUGAL, PUERTO RICO, REPÚBLICA DOMINICANA,
URUGUAY Y VENEZUELA

Tesoros de mi isla: una infancia cubana
ISBN: 9781631137457

Published in the United States of America
Printed BY THOMSON SHORE, INC.

20 19 18 17 16   1 2 3 4 5 6 7 8 9 10

Tesoros de mi isla

Una infancia cubana

Índice

Una de mis primeras fotos.
Tenía 47 días.

Hora del baño

Con la guitarra de mi tía Lolita

Nota de la autora

TESOROS DE MI ISLA incluye dos libros previamente publicados, *Allá donde florecen los framboyanes* (1994) y *Bajo las palmas reales* (1998), así como *Días en la Quinta Simoni*, una serie de relatos nuevos en esta colección. Todos estos relatos están inspirados en mis memorias infantiles.

Escribir sobre mi infancia ha sido un modo de mantener vivos recuerdos queridos y de honrar a quienes me nutrieron con su ejemplo. Hoy hay una razón adicional por la cual atesoro estos relatos: la respuesta que han recibido, durante los últimos quince años, de parte de los lectores que han disfrutado sus páginas y han encontrado inspiración en ellas.

Muchos de ustedes me han escrito para decirme que la atención que estas páginas brindan a los simples detalles de la vida diaria les ha ayudado a valorar cosas que anteriormente daban por sentadas. Otros me han escrito para decir que estos relatos les han llevado a sentir un mayor aprecio por sus propias familias. ¡Y me da gran alegría cada vez que alguno de ustedes me dice que ha empezado a escribir sobre su propia vida!

Mi esperanza es que, a través de mis recuerdos de momentos cotidianos, nuevos lectores de todas las edades y lugares del planeta, lleguen a comprender ese período único de la vida en Cuba y a descubrir que cada uno de nosotros tiene multitud de relatos que contar.

Allá donde florecen los framboyanes

Ilustraciones de Edel Rodríguez
y Antonio Martorell

A Samantha Rose,
cuando tu vida comienza a florecer.

Saludo

Una ceiba

Una palma real

Nací en Cuba, la mayor de las islas del Caribe. Cuba es una isla larga y estrecha. Si uno mira el mapa de Cuba con un poquito de imaginación, la isla parece un gran caimán descansando en el agua. La parte occidental de Cuba está muy cerca de la Florida, mientras que la parte oriental está muy cerca de la República Dominicana y Haití. En clima y belleza natural, Cuba se parece mucho a Puerto Rico. De hecho, los cubanos y los puertorriqueños comparten una historia común, que es la razón por la cual una poetisa puertorriqueña dijo que "Cuba y Puerto Rico son, de un pájaro, las dos alas".

Cuba tiene cadenas de montañas cubiertas de bosque tropical en los dos extremos de la isla y en el centro. Entre estas cadenas de montañas se extienden tierras llanas y fértiles. Yo nací en las llanuras orientales de la isla, en la región ganadera, en las afueras de Camagüey, una ciudad de casas de ladrillos con techos de tejas y macizas iglesias de piedra, que en el pasado habían servido no solo como templos sino también como refugio contra los piratas. Las altas torres habían permitido a los vigías avistar a los bucaneros, que hacían frecuentes incursiones para apoderarse del ganado.

Nací en una vieja casona, la Quinta Simoni. Mi abuela, Dolores Salvador Méndez, la había heredado de mi bisabuelo,

Federico Salvador Arias. La más joven de mis tías, Lolita, nació en esa casa. Una generación más tarde, nací yo allí también, y allí nacieron mi hermana Flor y dos de mis primas, Nancy y Mireyita. Todas sentíamos que era muy especial haber nacido allí, en la casona, no en un hospital.

Aunque la casa era grande, no éramos ricos. Crecí, sin embargo, rodeada por la riqueza que representa una familia unida. Por algún tiempo, abuelos, tíos y primos, vivimos todos bajo el mismo techo. Sin embargo, durante los primeros siete años de mi infancia, fui la única niña en aquella casona, aunque mis dos primos mayores Jorge y Virginita venían ocasionalmente de visita y en una ocasión tuve la alegría de que vivieran allí también por un tiempo.

La Quinta Simoni tenía mucha historia. Fue construida como hacienda colonial por una familia italiana, los Simoni. En la hacienda se sembraba, se criaba ganado, se curtían las pieles y se hacían ladrillos, tejas y cacharros de la roja arcilla que había junto al río. Por supuesto, todo este trabajo lo hacían las personas que los Simoni mantenían como esclavos.

Mucho más tarde, durante mi infancia, la casa se había envejecido. Los jardines estaban descuidados y la fuente del centro de uno de los patios quedó cegada con tierra en la que crecían helechos. En la parte posterior de la casa todavía existía la "cuartería", los cuartos de los antiguos esclavos. A una casita de ladrillos alejada de la casa la llamaban "el calabozo". Era una prueba de las cosas horribles que los seres humanos pueden hacer unos contra otros. Allí habían mantenido a veces a los esclavos encadenados a los grillos que todavía estaban en las paredes.

En la época en que Cuba era una colonia de España, una de las dos hijas de la familia Simoni, Amalia, se casó con Ignacio Agramonte, un joven patriota cubano que luchó por la libertad y la independencia de todos los que vivían en Cuba.

Uno de los primeros actos de los patriotas cubanos, al iniciar la Guerra de los Diez Años, en 1868, la primera guerra por la independencia de Cuba, fue declarar la libertad de los esclavos.

Nuestra familia se sentía orgullosa de que nuestra casa estuviera relacionada con la lucha por la libertad. Para mí, el pasado estaba lleno de preguntas sin respuesta. ¿Cómo puede alguien pensar que es posible ser dueño de otra persona o controlar su vida? Y, ¿por qué vivíamos tan orgullosos de la libertad y la independencia cuando había niños descalzos y hambrientos por las calles?

A pesar de estas preguntas, preguntas difíciles para una niña como yo, la vieja casona era para mí un mundo mágico. Mi abuela criaba gallinas, patos, gansos y, porque le encantaban las cosas hermosas, tenía una bandada de pavos reales. Los pavos reales se posaban en las altas ventanas del comedor que se abrían al jardín. Anidaban sobre un gran arco blanco de mampostería, que se erigía, camino del río, como una réplica del gran Arco de Triunfo que había visto en los libros franceses de mi abuelo. En el cielo raso del portal anidaban murciélagos; y, en la azotea, palomas. Mi madre recogía cuanto gato abandonado se encontraba y el jardín bullía con lagartijas, caracoles, ranas y sapos, grillos y saltamontes. Escondida en las ramas de un árbol cercano vivía una familia de cernícalos. Sin embargo; entre todos estos seres vivientes, mis mejores amigos eran los árboles.

Grandes, firmes, fuertes, me ofrecían su amistad en mil formas distintas. Las verdes copas me recibían, durante las horas de mayor calor, con su sombra deleitosa que me permitía quedarme al aire libre y a la vez estar protegida del sol tropical. Y no importaba si estaba triste o feliz, siempre me acogían.

Los framboyanes centenarios formaban una avenida que llevaba al arco blanco y al río. Nudosos por la edad, sus grandes raíces me ofrecían un nido en el que me acurrucaba, protegida y segura. Las raíces, curadas por el tiempo, eran gratas al tacto, y yo las acariciaba, como se acaricia una mano amiga.

El viejo río Tínima, que se arrastraba en curvas y meandros por los terrenos de la quinta, había formado una isla bastante grande detrás de la casa. Muchos años atrás, mi abuelo la había sembrado de frutales. Ahora, los árboles maduros ofrecían generosos su fruta, variadas sorpresas, más deliciosas que cualquier dulce salido de nuestra cocina. Agridulces marañones, como relucientes campanas, amarillo brillante o rojo intenso, cada uno con su deliciosa semilla colgándole debajo; las semillas de marañón que a mis tíos Manolo y Lolita les encantaba asar en una hoguera junto al río; los tamarindos, dulces y agrios a la vez, con los que hacíamos un refresco delicioso; los caimitos, redondos como pelotas de béisbol, con lisa cáscara de un brillante morado y una pulpa delicada y blanca como la leche.

Y luego, docenas de cocoteros, cuyas pencas se movían con

la brisa y cuyo fruto era el más preciado. El agua de los cocos tiernos es fresca y dulce. A medida que los cocos maduran, el agua se va convirtiendo en una masa suave como gelatina. Nos encantaba cuando la masa se hacía más firme, pero quedaba todavía suave y dulce. Cuando se volvía dura y seca, la usábamos para hacer dulces. Y por último, lo más apreciado, por lo difícil de conseguir. Si un coco grande y sano se dejaba por varias semanas, quizá incluso por varios meses, con la temperatura apropiada, en un lugar húmedo y sombrío, era posible que retoñara. Y si retoñaba, y alguien sabía abrirlo en el momento preciso, podían encontrar que la masa firme y seca se había desprendido de la cáscara y se había concentrado en el centro del coco, una bola suave y porosa, la "manzana del coco", deliciosamente dulce.

En una de las orillas de la isla formada por el río crecía un pequeño bosque de bambú, que en otras partes de Cuba llaman cañas bravas y, en Camagüey, pitos. Allí colgaba mi abuela su hamaca para descansar cada tarde, por un rato, entre sus dos trabajos, directora de una escuela primaria y de una escuela nocturna. El susurro del aire entre los pitos y los cocoteros creaba una serena y encantadora melodía. Aunque vivíamos tierra adentro, a un par de horas de la costa, hacía pensar en la brisa marina, con sus rumores de tierras distantes y lugares remotos.

Crecí rodeada de gente cariñosa y fascinada por toda la vida a mi alrededor, pero fue a los árboles a quienes les conté mis penas y mis alegrías y, sobre todo, mis sueños.

Los árboles, como la familia, crecían y sus ramas se

multiplicaban. Algunos, como los framboyanes, eran fuertes y parecían eternos. Otros se cargaban de frutas y retoños. Cada uno a su manera parecía reflejar la vida que me rodeaba, la vida que recogen los relatos que aquí cuento.

Estos cuentos ocurrieron en distintas épocas. Algunos ocurrieron antes de que yo naciera y luego me los contaron. Otros ocurrieron mientras crecía. La mayoría tuvo lugar en la vieja Quinta Simoni, donde viví hasta que tenía ocho años. Otros son más bien estampas de la ciudad de Camagüey, adonde nos mudamos luego. Pero aun en la ciudad nunca estuve muy lejos, afortunadamente, de los árboles, meciéndose majestuosamente en las brisas tropicales, o, como los framboyanes, estallando en encendidas flores rojas... y como mi familia y sus cuentos... floreciendo... floreciendo... floreciendo...

Al compartir estos relatos me parece estar viendo las esbeltas y majestuosas palmas, los cocoteros gráciles moviendo sus pencas en la brisa tropical y los framboyanes cubiertos de flores encendidas. Y deseo que la inspiración que continúo recibiendo de estos amigos de mi infancia, a su vez, llegue a los corazones de quienes lean estas páginas.

Capítulo 1

La maestra

Lola y sus gallinas

Mi abuela, Dolores (Lola) Salvador Méndez, el día que se graduó de maestra, primera de la clase

La escuela de mis abuelos en un desfile

Lola, sentada al centro, con sus alumnos, incluida mi madre, a su izquierda

La MADRE DE mi madre, mi abuela Dolores, a quien todos llamaban Lola, llenó mis primeros años con el júbilo de la naturaleza y con historias fascinantes. Las acciones de los dioses y diosas griegos, las hazañas heroicas de los patriotas cubanos, me eran tan familiares como la vida diaria de las dos escuelas de las que era directora: una escuela primaria pública durante el día y una escuela nocturna para mujeres trabajadoras, que ella misma había creado.

No es por lo tanto extraño que en la familia haya tantos cuentos sobre esta mujer que era a la vez una intelectual y una mujer práctica, que se cortó el pelo y las faldas antes que nadie en nuestro pueblo, que creó una revista literaria, fundó escuelas, despertó una gran pasión en el poeta que se casó con ella, mi abuelo Medardo, y crió cinco hijos, así como varios sobrinos y sobrinas, mientras dirigía sus escuelas y una finca.

Uno de mis relatos favoritos sobre ella, me lo contaron mi madre y mis tías Mireya y Virginia, puesto que las tres estaban presentes cuando sucedió. A diferencia de muchas otras historias de la familia, que cambian y se embellecen, según quien las cuenta, esta historia la he oído siempre igual. Quizá, porque la historia misma tiene demasiada fuerza para que se la embellezca, o porque los hechos se grabaron muy vívidamente en quienes los presenciaron.

A abuelita Lola le encantaba enseñar al aire libre. El menor pretexto le servía para sacar a la clase bajo los árboles. Esta historia tuvo lugar durante una de esas clases al aire libre, en la época en que ella y su marido, mi abuelo Medardo, dirigían una escuela con internado en la Quinta Simoni, la finca que ella había heredado de su padre y donde luego yo nacería.

Rodeada de sus alumnos, que incluían a tres de sus propias hijas, mi abuela enseñaba una lección de gramática. De repente se interrumpió.

—¿Por qué —les preguntó a sus alumnos— no hablamos de las cosas que son verdaderamente importantes? De la responsabilidad que tenemos para quienes nos rodean. ¿Acaso sabemos sus sentimientos, sus necesidades? Y es tanto lo que podríamos hacer unos por otros...

Los alumnos escuchaban en silencio, fascinados. Sabían que su maestra a veces se apartaba del tema de la lección para compartir con ellos sus propias reflexiones. Y también sabían que esas eran sus más importantes lecciones. A veces podía ser graciosa y humorística. Otras, les tocaba el corazón. Y por eso escuchaban.

—Miren —continuó mi abuela, apuntando al camino que bordeaba la finca. Los alumnos vieron a un anciano que caminaba solitario. —Miren a ese anciano. Va a pasar frente a nosotros. En unos minutos se habrá ido para siempre y nunca sabremos quién es, adónde va, qué puede importarle en la vida.

Los alumnos observaron al hombre, que se había ido acercando. Era muy delgado y la tosca guayabera colgaba de su figura encorvada. Su rostro, sombreado por un sombrero de guano, estaba arrugado y quemado por el sol.

—Bueno —continuó mi abuela—, ¿dejamos que se vaya, para siempre desconocido, o quieren acercársele y preguntarle si hay algo que podemos hacer por él?

Los alumnos se miraron unos a otros. Por fin, una chica dijo:

—¿Quiere que le pregunte?

Y, como mi abuela hizo una señal de aprobación, la chica se levantó y se dirigió hacia el camino. Varios de los alumnos la siguieron, entre ellos mi madre y mis tías.

Al verlos acercarse, el hombre se detuvo.

—Quisiéramos saber quién es y adónde va —preguntó la alumna—. ¿Hay algo en que podamos ayudarlo? —añadió mi tía Mireya.

El hombre estaba completamente sorprendido.

—Pero, ¿quiénes son ustedes? —fue lo único que pudo contestar.

Los alumnos entonces le explicaron de dónde provenían sus preguntas. El anciano los miró. Luego les contó que no tenía a nadie, que había viajado una larga distancia esperando encontrar a unos parientes lejanos, pero que no había logrado encontrarlos.

—No soy sino un pobre viejo —concluyó—, buscando un lugar para echarme a morir. De hecho, me dirigía a esa ceiba. Y señaló un gran árbol que crecía junto al camino, no muy lejos de allí.

—Voy a acostarme a su sombra, para esperar a la muerte.

—Por favor, no se vaya —fue todo lo que los alumnos pudieron decir. Y corrieron a contarle a la maestra lo que el hombre les había dicho, que estaba planeando acostarse bajo un árbol a esperar la muerte.

—¿Qué creen que debemos hacer? —les preguntó entonces mi abuela.

Los alumnos lanzaron distintas ideas. El anciano podía ir al asilo de ancianos. Quizá debían llevarlo al hospital. O quizá la policía sabría qué hacer...

—¿Eso es lo que querrían que sucediera si se tratara de ustedes mismos? —preguntó mi abuela.

Los alumnos llevaron al hombre a nuestra casa. Mi abuela le dio un cuarto. Los chicos le hicieron la cama, le prepararon algo de comer. Un médico determinó que todo lo que le pasaba era que estaba malnutrido y agotado. Le llevó varios días recuperarse, pero pronto estaba de nuevo en pie. Vivió con mi familia por muchos años, hasta que una mañana amaneció apaciblemente muerto en la cama. Durante todos esos años, ayudaba en el jardín, alimentaba las gallinas o se pasaba largos ratos silbando suavemente en el portal del patio de atrás. Pero no había nada que le gustara más que sentarse al fondo del aula o bajo los árboles, y escuchar a mi abuela enseñar.

Capítulo 2

Decisiones

De izquierda a derecha: yo; mi hermanita Flor; mi abuelo Modesto Ada Barral; mi padre, Modesto Ada Rey; mi madre, Alma Lafuente; y mi tío Mario Ada Rey

LA FAMILIA DE mi padre y la familia de mi madre eran tan distintas como un arroyuelo de las montañas y el vasto océano. La familia de mi padre era pequeña, en contraste con la de mi madre, con sus muchos tíos y tías, primos hermanos y primos segundos, tías abuelas y tíos abuelos. Pero la familia de mi madre no solo era grande, sino también alegre, vivaz y aventurera, mientras que el padre de mi padre y sus hermanos eran callados y rara vez hablaban de cosas personales.

Casi todas las noches, mi familia se reunía a conversar y a contar cuentos de la familia de mi madre. A través de esos cuentos, personas que nunca había visto me parecían tan familiares como las que vivían allí mismo. Me parecía haber oído sus voces y haber sido parte de sus aventuras. Pero la historia que quisiera compartir ahora es una que me contó el padre de mi padre, una historia que ha permanecido vívida en mi memoria y que ha decidido quién soy hoy.

Abuelito Modesto venía todas las tardes de visita, siempre con un cigarrillo entre sus dedos amarillos. Me daba palmaditas en la cabeza o un beso formal en la frente, y luego se sentaba a conversar con mis padres sobre los acontecimientos sociales y políticos del día. Me parecía muy sabio y a la vez adulto y distante. Era director de un periódico y de una estación de radio, un hombre alto y robusto y, aunque lo escuchaba fascinada, sentía que pasarían muchos años antes de poder compartir experiencias con él.

Una tarde cuando llegó, mis padres habían salido y yo era la única en casa. Se sentó a esperarlos en el comedor, la habitación más fresca en la casa de la ciudad a la que nos habíamos mudado en esa época. La casa estaba quieta y silenciosa, con la quietud tan profunda de los trópicos durante la parte más calurosa del día. Como de costumbre, en esta casa sin árboles, yo estaba enfrascada en un libro. Entonces, mi abuelo me llamó y me indicó que me sentara en sus rodillas. Me sorprendió este gesto de afecto. Ya tenía casi diez años y él nunca nos pedía que nos sentáramos a su lado. Pero agradecí la invitación de acercarme a este hombre que me parecía tan remoto y a la vez tan sabio. Nunca supe qué lo motivó a contarme la historia que me relató ese día, pero siempre la he atesorado.

"Probablemente sabes que yo fui muy rico en una época —comenzó a decir y, como yo asentí, continuó—. Tenía solo doce años cuando me fui de España y vine a Cuba. Mi padre había muerto, y como mi hermano mayor era arrogante y autoritario, decidí escaparme de nuestra casa en La Coruña. Deambulé por el puerto hasta que alguien me señaló un barco que estaba a punto de partir y logré esconderme a bordo. Un marinero me descubrió poco después de haber salido del puerto, pero el capitán dijo que podía viajar con ellos y cuando llegamos a La Habana me ayudó a desembarcar. Busqué trabajo y, afortunadamente, el dueño de una ferretería me empleó. ¡Me hizo trabajar durísimo! Limpiaba la tienda y ayudaba en todo

lo que hiciera falta. Tenía que dormir en el almacén, sobre unos sacos vacíos; pero aprendí el negocio.

"Un día, un americano entró a la tienda con un aparato sorprendente que tocaba música de unos discos negros. Lo había traído de Estados Unidos y se llamaba gramófono. Me dejó maravillado y emocionado. Imagínate, un aparato que podía traer la voz del gran cantante de ópera Enrico Caruso a cada hogar. El dueño de la ferretería no quiso saber nada de los gramófonos, pero cuando el hombre salió de la tienda lo seguí y le ofrecí trabajar para él. Así empecé a vender gramófonos. Al cabo de un tiempo, pasé a ser el representante principal en Cuba de la RCA, la compañía que los producía. Viajé por toda la isla. Me encantó la tierra cerca de Camagüey y comprendí que se podía criar muy buen ganado en esas praderas fértiles, así que compré tierra. La tierra era todavía más valiosa de lo que pensé y me hice rico".

Hizo una pausa. Aunque todavía yo no comprendía el sentido de la palabra nostalgia, ahora sé que eso es exactamente lo que vi en sus ojos.

"Los años pasaron —continuó—. Me casé con tu abuela y tuvimos cuatro hijos. Luego, ella se enfermó. Como estaba demasiado enferma para viajar, hice venir a un médico a la hacienda. Hizo todo lo que pudo, pero ella no mejoró.

"Una noche, un jinete apareció en un caballo exhausto. Era mi apoderado de negocios en La Habana. Había viajado sin descanso desde la estación de ferrocarril en Camagüey y, cuando lo observé, me di cuenta de que lo que veía en su cara no era solo cansancio sino pánico. 'Tiene que irse a La Habana inmediatamente —me urgió—. Hay una crisis financiera y la economía se va a la quiebra. Es urgente que vaya a la capital en persona para que saque todo su dinero del banco, o lo perderá'. Consideré las noticias alarmantes que me había traído, mientras él me miraba con impaciencia, sin comprender por qué no ordenaba que ensillaran caballos que nos llevaran a la estación. Pero, ¿iba yo a dejar a tu abuela? En aquel momento no tenía idea de lo gravemente enferma que estaba, pero sabía que sufría y que mi presencia a su lado era importante para ella".

Hizo una nueva pausa y vi que su mirada había cambiado. El nuevo sentimiento que se reflejaba en sus ojos era reconocible para mí, aun entonces. Mis ojos deben haber tenido la misma expresión el día que encontré muerto en nuestro patio un pajarito, que hasta hacía un momento estaba vivo.

Mi abuelo terminó su cuento:

"No regresé con él. Tu abuela no se mejoró y la economía se fue a pique antes de que pudiera sacar mi dinero del banco. Ya no era rico. Pero había estado junto a tu abuela hasta el fin y sostuve su mano en la mía mientras moría".

Miré la mano de mi abuelo, una mano que cubría la mía. Y supe que no necesitaba esperar a crecer para compartir mis sentimientos y para comprender a mi abuelo Modesto.

No queda nadie que recuerde a María Rey Paz, la abuela que nunca conocí. Y probablemente quedan muy pocas personas todavía que recuerden a mi callado pero profundo abuelo Modesto. Sin embargo, sé que estos antepasados míos viven en mis hijos, que siempre han sabido, desde muy pequeños, qué decisiones tomar cuando se trata de aquellos a quienes quieren.

Capítulo 3

El agrimensor

Mi padre, Modesto Ada Rey

Mi PADRE, QUE se llamaba Modesto como mi abuelo, era agrimensor. Algunos de los más deliciosos momentos de mi niñez los pasé a caballo, en viajes en que él me dejó acompañarlo mientras trazaba los linderos de pequeñas fincas en el campo cubano. Algunas veces dormíamos bajo las estrellas, en hamacas colgadas de los troncos de los árboles, y bebíamos el agua fresca de los manantiales. Siempre nos deteníamos a recibir el saludo cariñoso en los humildes bohíos campesinos, y mis ojos se recreaban con el verdor del monte coronado por las susurrantes palmas reales.

Como muchos de los trabajos de agrimensura implicaban dividir la tierra que una familia había heredado tras la muerte de padres o parientes, la mayor preocupación de mi padre era que se hiciera justicia. No bastaba con dividir la tierra en porciones iguales. Tenía que asegurarse de que todas las parcelas tuvieran acceso a los caminos, a las fuentes de agua, al suelo más fértil. Algunas veces se trataba de medir grandes extensiones de tierra. En esos casos, mi padre trabajaba con un equipo y yo me quedaba en casa. Lo esperaba ansiosamente, aguardando escuchar el relato de su viaje.

Los límites de las familias latinoamericanas no se reducen al nacimiento o al matrimonio. Los buenos amigos que pasan tiempo con la familia y comparten sus experiencias se convierten en miembros de la familia. Esta historia, sobre uno de los trabajos de agrimensor de mi padre, no es sobre alguien relacionado por nacimiento o matrimonio a la familia, sino sobre un miembro de la familia extendida.

Félix Caballero, un agrimensor a quien mi padre siempre deseaba tener en su equipo, era distinto de los demás agrimensores. Era algo mayor, soltero y excesivamente callado. Venía de visita a nuestra casa a diario. Una vez que llegaba, se sentaba en uno de los cuatro balances de la sala para escuchar las animadas conversaciones de los demás. Su única contribución a ellas era un asentimiento con la cabeza o, si acaso, un monosílabo. Mi madre y sus hermanas a menudo se reían de él, sin que él lo supiera. Aunque no lo decían, me daba la impresión de que se preguntaban por qué mi padre lo tenía en tan alta estima.

Un día, mi padre nos contó esta historia.

"Nos habíamos pasado todo el día caminando por terreno montañoso. Se acercaba la noche. Todavía nos faltaba un largo trecho para regresar adonde habíamos dejado los caballos, así que decidimos cruzar al otro lado de las montañas y muy pronto nos encontramos frente a un hondo barranco. Sobre el barranco había un puente de ferrocarril, largo y estrecho, construido para los trenes de caña. No tenía barandas ni lugar para caminar por él, solo las vías descansando sobre gruesos travesaños suspendidos en lo alto.

"Todos estábamos enojados de tener que descender por el barranco solo para volver a ascenderlo al otro lado, pero la solución sencilla de cruzar el puente parecía muy arriesgada. Y, ¿si aparecía un tren de caña? ¡No habría adonde ir! Así que empezamos el largo descenso... todos, excepto Félix. Él decidió arriesgarse a cruzar el puente del ferrocarril. Tratamos de disuadirlo, pero no lo logramos. Usando un viejo método para averiguar si viene un tren, él puso el oído contra la vía para probar si se escuchaba alguna vibración. Como no oyó ninguna, decidió que no había ningún tren en las cercanías. Y comenzó a cruzar el largo puente, de traviesa en traviesa, entre los rieles, balanceando en el hombro las largas varas de agrimensor, rayadas de rojo y blanco.

”Ya iba por la mitad del puente cuando oímos el terrible sonido de una locomotora. Todos nuestros ojos se fijaron en Félix. Sin duda, él tenía que haberla oído también, porque se había detenido a la mitad del puente para volver la cabeza.

”Al aumentar el sonido, y pensando que no había ninguna otra solución, todos le gritamos: '¡Tírate! ¡Tírate!', sin saber si nuestras voces llegarían hasta donde se encontraba tan alto. Félix miró al lecho del río que, debido a que era la estación de la seca, tenía muy poca agua. Tratamos de animarlo, con gestos y más gritos, pero él había dejado de mirar hacia abajo. No podíamos imaginarnos qué iba a hacer, agachado sobre los rieles, con la locomotora del tren ya en la cercanía. Y, entonces, comprendimos.

”Sabiendo que no podía tratar de agarrarse de las gruesas traviesas, Félix colocó sus delgadas pero resistentes varas de agrimensor sobre las traviesas, paralelas a los rieles. Luego dejó que su cuerpo se deslizara entre dos de las traviesas, sujeto de

las varas. Y allí se quedó colgado, debajo del puente, suspendido sobre el abismo, pero a salvo del paso del tren.

"El tren de caña era, como ocurre con frecuencia, un tren muy largo. A nosotros nos pareció interminable. Uno de los agrimensores más jóvenes dijo que había contado doscientos veinte vagones. Iba anocheciendo y, con el humo y las sombras del tren, a menudo era difícil ver a nuestro amigo. No habíamos oído ningún sonido humano, ningún grito, pero ¿qué podíamos oír con todo el ruido del tren que cruzaba sobre nuestras cabezas?

"Cuando el último vagón empezó a hacer una curva alrededor de la montaña, logramos distinguir la figura solitaria de Félix todavía colgando bajo el puente. Todos observamos ansiosamente a medida que se incorporaba y al fin empezaba a caminar, lenta y calmadamente, por las traviesas hasta el otro lado del abismo".

Después que oí este cuento, Félix Caballero me pareció otro. Todavía era tan callado como siempre, inspirando sonrisas en mi madre y sus hermanas mientras se mecía silenciosamente en el balance. Pero en mi imaginación lo veía cruzando aquella garganta peligrosa, deteniéndose a pensar en qué hacer para salvar la vida, saliendo todo cubierto de hollín y humo, pero triunfalmente vivo, un hombre solitario, colgando de un puente de ferrocarril al anochecer, suspendido de varas de agrimensor sobre un barranco rocoso.

Si había tanto valor, tal calma para confrontar el peligro en el hombre envejecido y callado que se mecía en nuestra sala, ¿qué maravillas no habría escondidas en cada alma humana?

Capítulo 4

El rayo

En mi primer cumpleaños, de pie sobre mi tía Mireya, con mi tío Mario y mi madre

Mario, EL HERMANO menor de mi padre, era maestro rural. Para llegar a la escuela donde enseñaba tenía que tomar el tren y luego viajar varias horas a caballo. La escuela era un bohío, una de las viviendas típicas del campo cubano, heredado de los habitantes indígenas, hecho de tablas de palma real y techado con palmas de guano o palma cana. Los estudiantes se sentaban en bancos; tres, cuatro y, en los días en que la asistencia era buena, cinco en un banco. Pero la asistencia rara vez era buena. En el campo, las niñas a menudo se quedaban en casa para ayudar con los hermanitos menores, para lavar la ropa o juntar leña para el fogón. Los niños con frecuencia faltaban a la escuela porque tenían que ayudar en el campo, sembrando, desyerbando, cosechando. En general, nadie creía que la escuela pudiera mejorar mucho sus vidas y, por lo tanto, no veían grandes razones para asistir.

Mi tío regresaba a casa cada viernes por la noche, cansado, exhausto y algo deprimido. "¿De qué vale?", le oí decir alguna vez. Y pronto él también empezó a faltar a la escuela cada vez que podía.

A menudo, los lunes, se le hacía tarde y perdía el tren. Un dolor de estómago, un catarro común eran razones para no viajar. Muchas veces iba los martes y la semana se convertía en cuatro días. Otras veces regresaba los jueves por la noche.

"Había pocos alumnos esta semana —decía—. Los viernes asisten aún menos, por eso regresé".

Mi padre nunca lo criticaba. Desde que había muerto su madre, cuando mi padre tenía quince años y mi tío solo diez, mi padre se había ocupado de Mario. Pienso que los recuerdos de su común pérdida, su tristeza de haber sido enviados internos y la soledad que ambos sintieron, hizo que mi padre tuviera gran compasión por su hermano. Y aunque Mario ahora era un hombre, mi padre continuaba protegiéndolo. Mi madre, por el contrario, constantemente regañaba a mi tío: "¿Cómo van los niños a apreciar su educación, si tú no la valoras? Podrías hacer tanto por ellos...".

Mario era persona de pocas palabras. No le gustaban las discusiones y nunca trataba de defenderse. De hecho, rara vez hablaba mucho.

Yo podía ver el problema de mi tío. Éramos su única familia y, sospecho, sus únicos amigos. Debe haber sido difícil para él que mi madre lo regañara, pero él seguía callado y continuaba pasando los fines de semana con nosotros.

Pero un viernes en la tarde, Mario no vino como de costumbre a comer. Y para nuestra sorpresa, tampoco apareció el sábado por la tarde, ni el domingo. Mi madre le preguntó a mi padre, mi padre le preguntó a mi abuelo, pero nadie parecía saber dónde estaba.

No lo vimos tampoco a la semana siguiente. Todos se preguntaban, preocupados, cómo estaría. Había llovido mucho, así que quizá los ríos habían crecido y no había podido cruzarlos. Después de todo, él había usado esta excusa con frecuencia para evitar regresar a la escuela los lunes. Quizá esta vez realmente había ocurrido.

El siguiente fin de semana no había noticias de mi tío. Aunque mi padre se sentía cada vez más alarmado, no había teléfono ni telégrafo que pudiera llegar al lugar remoto en el campo donde estaba la escuela.

Tres semanas más tarde, mi tío Mario regresó, pero parecía otro hombre. Su piel, normalmente pálida, estaba quemada por el sol, y sus uñas, de costumbre cuidadosamente pulidas, estaban sucias y rotas. Necesitaba cortarse el pelo. Pero, por primera vez, se veía fuerte y saludable.

No dijo nada de su ausencia. Y, como si nos hubiéramos puesto de acuerdo, nadie la mencionó tampoco. Nos sentamos a almorzar.

Estábamos disfrutando los frijoles negros con arroz, los plátanos maduros fritos, cuando descubrí en la muñeca de mi tío una marca, una postilla amarilla oscura, en el lugar donde normalmente llevaba el reloj de pulsera.

—Tío, ¿qué es eso? —no pude sino preguntarle.

—Oh, eso... Fue el rayo.

Hubo un momento de silencio. Mi madre puso sobre la mesa la jarra de agua de coco, aunque su vaso estaba todavía vacío. Mi padre dejó sus cubiertos sobre el plato.

—¿Y? —le preguntó mi padre—, ¿qué pasó con el rayo?

—Cayeron muchos rayos —continuó mi tío—. Era difícil dar clase con el ruido de la tormenta. Se veían relámpagos a todo nuestro alrededor… —dijo y se quedó nuevamente callado.

—¿Había muchos niños en la clase? —preguntó mi madre.

Y, como si esto fuera lo que necesitaba para continuar, mi tío prosiguió:

—Sí, por una vez, estaban todos presentes. Estaba muy abarrotado y hacía mucho calor en aquel cuarto pequeño. Y los niños estaban todos emocionados, como si se hubieran cargado de la energía de la tormenta. Y luego, ocurrió…

Nadie se movió ni dijo palabra, esperando oír lo que vendría luego.

—Yo ni siquiera oí el trueno, cuando el rayo cayó sobre un enorme mango junto a la escuela. Me desmayé al instante. Cuando me desperté, sentí un dolor intenso en el brazo. Mi reloj de pulsera se me había derretido en la muñeca. Pero no le presté atención. Todos los niños estaban tirados por el suelo. Cada uno de ellos…

—¿Muertos? —en la voz de mi madre había pánico.

—Eso es lo que pensé al principio cuando los vi. "Están muertos", me dije a mí mismo. "Todo porque vinieron a escuchar a un maestro que ni siquiera cree en su futuro". Pero, poco a poco, empezaron a moverse y a despertarse. Por suerte, ninguno estaba herido. Ni siquiera estaban asustados. Pero yo, yo estaba…

—Así que por eso es que no viniste en todo este tiempo —dijo mi padre, más a sí mismo que a mi tío.

—He estado trabajando en la escuela. Le pedí a un par de padres que me ayudaran a agrandarla. Y estamos construyendo

algunos bancos más. También hicimos una pizarra más grande. Va a tomar algo de tiempo hasta que todo esté terminado. Hablé con una de las familias para alquilarles un cuarto, porque estoy convirtiendo mi viejo cuarto junto a la escuela en un taller de arte. Hay mucho que hacer, probablemente vendré solo una vez al mes a buscar materiales.

Mi madre se sirvió un gran vaso de agua de coco. Y al llevárselo a los labios, un rayo de luz dorada entró por la ventana del comedor e iluminó el vaso. Parecía como si estuviera haciendo una ofrenda.

Capítulo 5

Samoné

Ceiba
sembrada
por mi
abuela

El río Tínima, en la Quinta Simoni

Eᴌ ᴄɪᴇʟᴏ ʜᴀʙíᴀ estado cubierto de nubes oscuras durante todo el día. Yo estaba sentada en el quicio de la gran ventana que casi llegaba al piso, mirando la carretera y esperando la lluvia. ¿Habría una tormenta con rayos y truenos? Si era así, no me dejarían salir; pero si era solo una pacífica lluvia tropical, me podría poner la trusa y correr afuera por el patio y el jardín, bajo los árboles. Me encantaba pararme bajo sus copas y dejar que la lluvia me cayera encima, deslizándose de sus hojas. ¡Qué fresca y fragante era el agua que caía de los limoneros y naranjos!

Justamente entonces vi al hombre acercárseme. Era alto y tosco, con una barba descuidada, grandes cejas pobladas y la piel curtida por el aire y el sol. Traía un saco al hombro y me sorprendió verlo acercarse a la casa. Cuando tocó a la puerta, me asusté. En lugar de llamar a mi madre o a una de mis tías, fui a buscar a mi padre.

—Necesito trabajo —fueron las primeras palabras del hombre—. Y sé hacer de todo: sembrar, desyerbar, alimentar las gallinas, cuidar los caballos, ordeñar las vacas…

Mi padre no contestó. Yo sabía que no necesitábamos a nadie. La Quinta ya no era una verdadera finca. Casi no teníamos animales y no necesitábamos a nadie para alimentar las gallinas y los pavos reales de mi abuela. Pero el hombre estaba decidido a decirnos todo lo que sabía hacer.

—Puedo hacer carbón de leña, y ustedes parecen tener bastante marabú.

Tenía razón. Los matorrales espinosos que podían convertirse en carbón de leña habían cubierto casi todos los terrenos sin cultivar de la finca.

—No les costará mucho. Solo un lugar para vivir y algo de comer —dijo. Luego me miró y una inmensa sonrisa le iluminó la cara. —Y sé bastantes cuentos para contarle a la niña.

Vi a mi padre devolverle la sonrisa. No estaba seguro de que le interesara hacer carbón de marabú, pero seguramente algo habría que el hombre pudiera hacer. Samoné se volvió parte de la familia.

Había dicho la verdad. El trabajo parecía ser su vida y todo lo que hacía lo hacía bien. Se levantaba antes del amanecer y, excepto por una pequeña pausa para tomar una taza de café y un rápido desayuno, trabajaba hasta la puesta del sol.

La finca empezó a mostrar el fruto de su cuidado. Donde antes solo había habido malas hierbas, ahora había una huerta. Las gallinas parecían poner más huevos, satisfechas con la hierba de canutillo recién cortada que él les traía del río. Había más pollos, más gansos…

Pero lo mejor de todo era que cada noche, después de comer, Samoné compartía con nosotros el talento que no había mencionado y el aire se llenaba de música. Se recostaba contra la pared en un taburete, una silla rústica con fondo y respaldar de cuero, y tocaba el acordeón. Aunque su voz usual era

profunda y fuerte, nunca le oía cantar. En cambio, tarareaba muy bajito mientras tocaba el acordeón. Su instrumento cantaba por él: tangos melancólicos, dulces boleros, alegres polcas, habaneras encantadoras.

Y, así como durante el día trabajaba sin pausa, por la noche tocaba sin interrumpirse. Mientras mi madre me ayudaba a desvestirme y a ponerme el pijama, mientras mi padre me contaba cuentos, mientras yo me quedaba quietecita en la cama, tratando de no dormirme para seguir escuchando la música que entraba por la ventana, bañada en fragancia de jazmines.

Samoné llevaba un par de años con nosotros cuando volvió a sugerir que podía hacer carbón de leña. Mi padre trató de disuadirlo, diciéndole que era mucho trabajo y además peligroso, que apenas valía la pena el esfuerzo. Pero Samoné estaba determinado a empezar sus propios hornos.

Para hacer carbón de leña, primero había que cortar las matas de marabú y luego limpiar las ramas espinosas, hasta que solo quedaran los troncos, limpios como varas. Estas varas luego se colocaban como si fueran un tipi indígena. Cuando ya había varias capas de varas, se cubrían con tierra, dejando solo una pequeña abertura para prender la madera. La madera dura se quemaba lentamente y, después de varios días, se había convertido en carbón.

Era importante que el carbonero vigilara el horno de carbón, día y noche. Algunas veces, si el horno no estaba bien sellado, se inflamaba. Otras veces, si la madera verde tenía mucha resina, explotaba. Samoné, sin embargo, nunca llegó a vigilar su horno.

Un día, mientras estaba cortando las espinosas matas de marabú, su machete se enredó en una rama rebelde, se le soltó de la mano y cayó sobre su brazo derecho, hiriéndoselo.

Faltaba poco para las Navidades cuando esto ocurrió. Mi madre y yo habíamos estado decorando el arbolito. Yo estaba sentada en la ventana de la calle, mirando a ratos el hermoso arbolito y a un grupo de chicos que estaban empinando barriletes en el campo baldío al otro lado del camino.

De momento, Samoné llegó tambaleándose y casi se cayó. Iba dejando un rastro color carmesí.

—¡Mami! —grité, agradecida de que mi madre estuviera tan cerca.

Un carro que pasaba frente a la casa se detuvo para llevar a Samoné y a mi madre al hospital. Mientras se alejaban, ella iba sosteniéndole el brazo con toallas que se habían vuelto rojas como claveles encendidos.

Durante varias semanas, los dedos de Samoné, morados e inflamados, se asomaban al final de su brazo vendado. Sin poder trabajar, Samoné andaba como sonámbulo. Lo único que lo animaba un poquito era traer hierba fresca para las gallinas. Como no podía usar más que una mano, aquella tarea sencilla ahora le tomaba casi todo el día.

Yo tenía gran impaciencia porque le quitaran la venda. Pero cuando por fin se la quitaron, y la fea cicatriz le quedó al desnudo, Samoné descubrió que no podía conseguir que su mano respondiera. No podía cerrar los dedos, ni podía hacer que sostuvieran peso alguno.

Mi tío Medardito le dio a Samoné una pelota de goma y lo

animó a que tratara de sostenerla, a que tratara de agarrarla con los dedos. Era tristísimo ver cómo la pelota se caía, una y otra vez. Samoné no se daba por vencido y se sentaba por horas en el portal con la pelota, pero se veía avergonzado y apenado de que la pelota se siguiera cayendo al suelo.

Desde el accidente, no se había vuelto a oír la música del acordeón por la noche. Ahora que el brazo ya no estaba vendado, el silencio de la noche me parecía todavía más triste. Empecé a ir al río con Samoné para ayudarlo a traer la hierba. Antes, cada vez que pasábamos juntos algún tiempo, me había contado cuentos sobre conejos listos y zorros malvados. Pero ahora todo lo que oía salir de su boca eran profundos suspiros. Era como si el propósito de su vida lo hubiera abandonado, como si se hubiera escapado por la mano que ya no podía usar.

Luego, Samoné empezó a desaparecer por las tardes. Nadie sabía adónde iba. Nadie decía nada, pero me daba cuenta de las miradas preocupadas de mi madre cuando empezó a desaparecer también a la hora de la comida. A veces, cuando no estaba, me parecía escuchar un eco de su música.

Y entonces, una noche, cuando ya estaba en la cama, la oí. Un poco tímida, y no tan brillante como antes, pero allí estaba, el hermoso sonido de una guajira, el dulce canto amoroso del campo cubano. Samoné, practicando tenazmente, donde nadie lo oyera, había encontrado el medio de volver a crear música.

Salté de la cama, me fui de puntillas al comedor y miré al patio. Allí estaba, sentado algo torcido en su taburete, abriendo y cerrando el acordeón con las rodillas, mientras apretaba las teclas con la mano izquierda. Pero la música sonaba suave y clara, acompañada por el tarareo acostumbrado, mientras los rayos de luna que se filtraban a través de las ramas de los framboyanes, brillaba la sonrisa que iluminaba su cara.

Capítulo 6

La leyenda

Un frutal en la huerta de Emilio Pimentel

Con Emilio Pimentel, y su familia, de 90 años,

El altar en la sala de la casa de Emilio

He AMADO SIEMPRE las leyendas y los cuentos de misterio. Había muchas leyendas sobre nuestra casa, la Quinta Simoni. La gente decía que había un tesoro enterrado allí y que por las noches se veían fantasmas que trataban de encontrarlo. Algunos juraban que por las noches podían oírse los lamentos de los esclavos. Otros estaban convencidos de que habían visto el fantasma de Ignacio Agramonte, el patriota de la gran Guerra de los Diez Años, nuestra primera guerra por la independencia, que vivió por un tiempo en la casa, montando a caballo a medianoche. Nosotros sabíamos que lo que la gente creía que era un caballo blanco, era el arco blanco que se erguía detrás de la casa, cerca del río, en los antiguos jardines. En cuanto a los demás fantasmas, nunca los habíamos visto ni oído. Pero en una ocasión tuve la oportunidad de ver nacer una leyenda, aunque por supuesto cuando ocurrió no podía imaginarme que iba a pervivir como leyenda.

Nuestra casa se encontraba en las afueras del pueblo, lejos de toda otra casa, excepto por la casita pequeña de mi bisabuela. Al otro lado de la calle General Gómez, había un terreno baldío llamado Plaza de La Habana. Salvo por el nombre, no tenía, entonces, nada de plaza; era solo un terreno amplio y desnudo donde de vez en cuando pacía alguna vaca y donde los chicos venían a empinar barriletes. De noche, un par de débiles faroles apenas alumbraban la carretera frente a la casa. Por lo demás, la oscuridad era total.

La calle se alejaba del pueblo con una gran curva; más allá estaba el cuartel del ejército. Un poco más lejos había un reparto, un barrio de casas sencillas y más allá todavía un conjunto de humildes chozas y bohíos pobres. Para acortar su camino al pueblo, la gente que vivía allí había abierto algunos trillos a través de los espinosos marabuzales que cubrían la mayor parte de los terrenos sin cultivar de la finca. Pero estos trillos pasaron a ser más que un atajo; alguien había empezado a usarlos por las noches para robar.

Una noche, desapareció una gallina; en las siguientes, la ropa dejada en los cordeles, una pala, un cubo, o una carretilla. Las cosas desaparecían constantemente y parecía como si los ladrones fueran ganando confianza.

Los ladrones hicieron su agosto la noche después del Día de Reyes, una fiesta que se celebra el 6 de enero, cuando los niños cubanos reciben sus regalos. El reloj nuevo de mi tío Medardito, que había dejado sobre su mesa de noche, junto a la ventana; la bicicleta nueva de mi primo Jorge; mi nueva carriola roja que tanto había deseado, habían desaparecido.

—Es demasiado —todos estábamos de acuerdo—. Las cosas han ido demasiado lejos.

—Tenemos que parar estos robos —dijo mi tío.

—Pero, ¿qué vamos a hacer? —preguntó una de mis tías.

—Tengo una idea —propuso mi padre.

Su plan era que mi tío y él caminarían por los trillos a

medianoche hasta llegar cerca del reparto y allí dispararían algunos tiros al aire.

—Quizá esto espantará a los ladrones, haciéndoles saber que estamos armados.

Durante los próximos días, oí varias veces repetir el relato de los hechos que se habían desatado al poner en acción el plan de mi padre. Mi tío y él habían salido aquella noche. Y cuando se dirigían al reparto, se les unió Samoné, el trabajador de la finca.

Los tres se habían guiado con una linterna, no siempre logrando escapar de los espinosos marabúes. Cuando ya estaban a mitad del camino, mi padre sacó el revólver y disparó al aire. Para su gran sorpresa, Samoné empezó a gritar, imitando la voz de una mujer:

—Por favor, no me mates. ¡No me mates, por favor, te lo ruego!

Mi tío, entonces, le siguió la corriente, gritando:

—Sí, te voy a matar. ¡Prepárate a morir!

Y le hizo una señal a mi padre para que disparara de nuevo. Mientras tanto, mi padre estaba completamente confundido. Esto no era lo que había imaginado, pero siguió la sugerencia de mi tío y lanzó al aire unos cuantos disparos más, que Samoné acompañó con sus gritos.

Luego los tres regresaron corriendo a la casa, mi tío y Samoné dándose palmadas en la espalda, casi sin poder contener la risa, y mi padre enojadísimo con ambos.

—No son más que unos payasos —les dijo al regresar al patio. Y se fue a la cama, dejándolos disfrutar de su broma.

Ya por la madrugada, oímos toques insistentes en la puerta. Alguien golpeaba con todas sus fuerzas el tocador de bronce en forma de mano de la puerta principal. Se encendieron las luces y mi padre abrió la puerta, mientras todos nosotros, medio dormidos, en pijamas y ropones, nos asomábamos a ver qué ocurría.

En el portal había un grupo de hombres del reparto, con linternas y antorchas. Algunos tenían revólveres, otros machetes.

—¿No oyeron? —preguntó uno de ellos. Han matado a una mujer. Tienen que haber oído los disparos.

—¿Eran disparos? —mi padre simuló sorpresa.

—Creíamos que eran truenos —sugirió mi madre.

—Tenemos que encontrarla —insistió uno de los hombres.

—¿No vienen con nosotros?

Sus palabras parecían más una amenaza que una invitación.

Mi padre y mi tío se apresuraron a vestirse y a acompañar a los hombres. ¿Quién sabía cómo reaccionarían estos hombres armados si se enteraban de que lo que habían oído era solo una broma?

Los hombres buscaron por los campos durante toda la noche y durante varios días más. Abrieron trillos por el marabú en todas direcciones. Cuando decidieron que no iban a encontrar el cadáver de la mujer, empezó a crearse la leyenda.

Unos meses después de todo esto, nos mudamos de la casona a la ciudad. Vivimos en la ciudad por varios años, hasta que mi padre decidió abrir un camino y fabricar una casita, que llamamos la Quintica, junto al río, en los terrenos del antiguo invernadero de la vieja casona. Cuando trató de contratar a algunos de los hombres del reparto, ahora mucho más grande, ninguno quiso ayudarlo. "Es un lugar sagrado —decían—. Esa es tierra santa".

Mi padre por fin desistió de convencerlos y trajo obreros del otro lado de la ciudad. Ya habían limpiado mucha de la tierra, cuando los sorprendidos obreros encontraron, en medio del campo de marabú, montones de los objetos usados tradicionalmente como ofrendas: cintas rojas, pomos llenos de centavos americanos, conocidos en Cuba como "quilos prietos", restos de gallos sacrificados... Mi padre, que siempre respetó las creencias de los demás, les pidió a los obreros que dejaran aquella área sin tocar, aunque sabía muy bien el origen de la "santidad" del lugar.

Más de veinte años más tarde, tuve la oportunidad de visitar de nuevo mi patria y de viajar a los sitios de mi niñez. Los campos detrás de la casa habían cambiado mucho en esos veinte años. El terreno había sido parcelado y construido. No quedaba rastro alguno de los marabuzales.

Fui a visitar a la familia de nuestros antiguos empleados. Eran de otra región de la isla y habían empezado a trabajar con nosotros al tiempo que "la Quintica" se había construido y no sabían nada de la vieja broma.

Emilio, el padre, me invitó con mucho cariño a su casa. En la sala se alzaba un inmenso altar que cubría toda una pared. Flores, velas, ofrendas de frutas y múltiples imágenes de santos formaban una pirámide de colores brillantes.

—¿Sabías que esto es tierra santa, hijita? —me preguntó

Emilio, sin tener en cuenta mis canas abundantes—. Hace años, una mujer muy santa vivía en esta tierra. La mataron porque no aceptó los requerimientos amorosos de un hombre. Como su cuerpo era santo, desapareció y nunca más se encontró. Desde entonces, se ha venerado su recuerdo.

Yo asentí sin decir palabra, aceptando en su fe en esta mujer ficticia la reverencia que merecen todas las mujeres y el recuerdo que merecen los innumerables seres humanos que realmente han sido víctimas. Aunque yo sabía la verdad de su historia, la validez de su fe era incuestionable.

Luego seguí a Emilio al patio, donde me enseñó con orgullo sus frutales: mangos, guayabas, chirimoyas, anones.

—Pero Emilio —le pregunté, aún más sorprendida—, ¿no era todo esto el lecho seco del río? Y, ¿no había un gran barranco detrás de tu casa?

—Lo rellené yo mismo —me dijo Emilio, con gran orgullo—. Durante años no me acosté un solo día sin traer unos cuantos cubos o alguna carretilla de tierra para echar en el barranco.

Mis ojos se pasearon lentamente sobre los árboles que, con increíble paciencia, Emilio había plantado, llenando poco a poco, cada año, el viejo cauce seco del río. Y entonces comprendí que, verdaderamente, esta tierra era sagrada, bendecida por el milagro de la fe humana y la perseverancia.

Capítulo 7

Canelo

Mamá y yo

Acababa de escampar. Iba a pedirle permiso a mi madre para salir a jugar cuando vi al perro. Era el animal más flaco que hubiera visto nunca. Las costillas parecían salírsele a través de la piel. La sarna le había hecho caer el pelo, de modo que parecía haberse revolcado en cenizas. Pero lo más triste era verlo arrastrar una de las patas traseras, que le colgaba negra y sin vida, como un carbón apagado.

—Papi, ¡cúralo! ¡Cúralo! —grité corriendo a buscar a mi padre—. Por favor, ayúdalo a ponerse bien.

Al oír mis gritos, mi madre, mis tías y mi tío se asomaron a ver lo que pasaba.

—¡No vayas a acercarte! ¡Tiene sarna! —advirtió alguien.

—¡Pobre animal! Lo único que puede hacerse es sacarlo de su miseria.

—Sí. Vamos a hacer que deje de sufrir —añadió alguien más.

Pero yo seguía gritando.

—¡Ayúdalo, papi! ¡Por favor, ayúdalo!

Y mi padre, apretándome la mano para darme confianza, me aseguró:

—Lo vamos a curar.

La curación no fue nada fácil. Mi padre trajo un trozo de soga y se la ató al cuello. El animalito se dejó guiar, no sé si calmado por la voz serena de mi padre, o porque ya no le quedaban fuerzas para protestar.

Mi padre lo amarró al grueso tronco de un caimito, detrás de la cochera, que quedaba a mitad de la alameda de framboyanes. Le untó el cuerpo con una mezcla de aceite y azufre. El perrito temblaba, pero no lanzó ni un aullido. Las moscas levantaron vuelo y la pata rota ya no aparecía negra sino blancuzca y a trechos enrojecida.

—Tiene gangrena —dijo mi padre con una voz grave—. Solo se salvará si le amputo la pierna.

Mi madre trajo algodón, trapos, gasa y una botella oscura. Los trapos empapados en cloroformo durmieron al perrito. Mi padre amputó la pata gangrenada con gran precisión, como si fuera cirujano en lugar de agrimensor, y luego vendó el muñón con cuidado.

—Todo dependerá de si se arranca la venda o si se la deja hasta que cicatrice —dijo, y fue a desinfectarse las manos.

Nunca ha habido un paciente más cooperativo. El perrito nunca se tocó el vendaje. De hecho, casi no se movía, apenas cambiaba de posición debajo del árbol, moviéndose únicamente lo necesario para mantenerse en la sombra. Solo se animaba cuando mi padre le ponía delante una jícara con sobras de comida.

A mí me tenían prohibido acercarme. Compasiva y temerosa a la vez, lo observaba desde lejos. Traía mi muñeca a visitarlo y jugaba mis juegos de niña sin hermanos tan cerca

como podía, pero sin traspasar nunca la distancia señalada por mi padre.

El perro, echado sobre las hojas de caimito, me miraba saltar la suiza; o trazar un caracol en el polvo con un palito y luego saltar dentro de él a pie cojita. Poco a poco le fue saliendo pelo y se le borraron los lamparones de color ceniza. Ya no se le veían las costillas. Y cuando mi padre le quitó por fin la venda, el muñón había sanado.

Ya para entonces habíamos empezado a llamarlo Canelo. Y no cabía duda de que se iba a quedar en la Quinta.

Una vez que lo desataron, me seguía trotando, siempre un poquito a la distancia, acompañándome, pero sin acercarse, sin entrometerse en mis juegos, así como yo lo había acompañado desde lejos mientras sanaba.

Pero con mi padre, ¡qué diferencia! Tan pronto como mi padre se bajaba de la guagua, el autobús que paraba frente a la Quinta, Canelo se le acercaba corriendo, desde el rincón más lejano de la finca, sus tres patas corriendo más que si fueran cinco. Y batía el rabo con energía de bongosero tocando una rumba.

Capítulo 8

Muñecas de trapo

De izquierda a derecha:
mi bisabuela Mina;
mi abuela Lola; mi tía
Virginia; mi prima
Virginita

Genoveva, hermana de mi bisabuela Mina

MI BISABUELA MINA era diminuta, como si el tiempo no solo la hubiera arrugado sino también encogido. No era mucho más alta que los arbustos de jazmín y los rosales que cuidaba en el jardín de su casita cercana a la Quinta. Como las pasas que regaba generosamente en nuestro arroz con leche, oloroso a canela y clavos, su cuerpo arrugado estaba lleno de dulzura.

Cuando no estaba en la cocina o en el jardín, se sentaba en un balance a coser. En sus manos, los retazos de tela se convertían en "sábanas de gato", colchas multicolores de varios tamaños. Las mayores eran regalos de boda para sus muchas bisnietas; las pequeñas, regalos de bienvenida para sus nuevos tataranietos.

Pero los mejores retazos los guardaba para sus muñecas. Cuando la luz dejó sus ojos y sus pupilas se cubrieron con una gasa gris, empezó a pasar menos tiempo en la cocina y en el jardín. Como no podía ver para coser los trocitos de tela, tuvo que dejar de hacer colchas y empezó a tejer a croché. Pero su ceguera no le impidió seguir haciendo muñecas de trapo. Sus dedos, que habían creado muñecas por tanto tiempo, eran capaces de formar las cabezas, de trenzar la lana para el pelo, de crear el cuerpo y los brazos.

Como ella no podía ver los colores, yo la ayudaba a separar

los verdes y los azules y rojos que se convertirían en las largas faldas y los brillantes pañuelos en las cabezas.

Me preguntaba:

—¿Este trozo aterciopelado es negro? ¿Me puedes encontrar uno de un hermoso color café?, ¿chocolate cremoso?, ¿de color de almendra tostada?, ¿canela brillante?

Y así, las muñecas recibían caras que recordaban las de los niños de la vecindad.

Una vez a la semana, su hermana Genoveva venía a visitarla desde La Vigía, al otro lado de la ciudad, y en cada muñeca bordaba los oscuros ojos redondos, los labios, los dos puntos que hacían la nariz.

Las muñecas se sentaban en el alféizar de la ventana, cuatro, cinco, seis a la vez. Las niñas que pasaban por la calle, algunas cargadas con latas de agua que sus madres necesitaban para lavar la ropa, otras cargadas con sacos de carbón de leña para cocinar, y halando a un hermanito o hermanita de la mano, echaban un vistazo a la ventana para ver si las muñecas habían cambiado desde la semana anterior. O quizá, por la tarde, libres ya de tareas, saltando en un pie o brincando una cuerda desgastada, miraban hacia la ventana y sonreían.

Cada vez que se acercaba un cumpleaños, las madres llegaban a tocar la puerta de Mina, trayendo en las manos un raído pañuelito con monedas atadas en una esquina.

—¿Cuánto vale la de la falda roja? —preguntaban—. Y, ¿cuánto vale la bonita de las trenzas?

Encogida en su balance, mi bisabuela, ciega, sabía. Sabía cuándo decir veinticinco centavos, treinta, cuarenta, para

reconocer la dignidad de la mujer, para darle la alegría de dar.

También sabía cuándo decir: "Me encantaría que Marisa la tuviera. Va a cumplir los siete, ¿no es cierto?". Y entregársela a la madre diciendo: "Basta con que me guarde unos retazos; ya haré otra".

Algunas veces, una madre joven, gastada por las largas horas de lavar ropa y hervirlas bajo el sol, de cocinar en fogones hechos con latones de manteca vacíos, llegaba a casa de mi bisabuela, diciendo solamente:

—Le traje unas naranjas…, unos mangos…, un poco de berro…

Y mi bisabuela cerraba sus ojos ciegos por un momento, concentrándose, antes de decir:

—Ah, sí, Manuelita va a cumplir pronto los cinco, ¿verdad? Ya va siendo hora de que tenga su propia muñeca, ¿no es cierto? ¿Ves alguna que te gusta?

La madre levantaría su mano para cubrirse con vergüenza la sonrisa desdentada. Y la muñeca dejaría su lugar en el alféizar de la ventana y se iría envuelta en el mismo trozo de periódico que antes cubría la ofrenda dorada, roja o verde.

Capítulo 9

Matemáticas

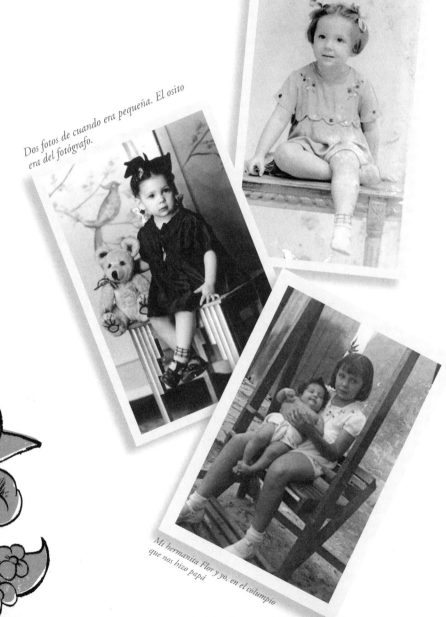

Dos fotos de cuando era pequeña. El osito era del fotógrafo.

Mi hermanita Flor y yo, en el columpio que nos hizo papá

Mi BISABUELA MINA nunca fue a la escuela. Nunca aprendió a leer ni a escribir. Y nunca estudió las tablas de multiplicar.

Cuando me oía tratando de aprenderme de memoria tres por tres, nueve; tres por cuatro, doce, decía: "Pero, por Dios, mi niña, ¿qué haces? ¿Te quieres parecer a mi Cotita?". Cotita era su cotorra verde, que se pasaba el día en un aro en la cocina de Mina.

A medida que se hacía más anciana y más frágil, Mina pasaba casi todo el tiempo en la cama. Había tenido cinco hijas y un hijo antes de que mi bisabuelo la abandonara. La fortuna les había sonreído de distinto modo a sus hijos. Dos de ellos se volvieron hacendados, como su padre; dos vivían en la pobreza extrema, mientras que los otros dos vivían bien, sin ser ricos. Y cuando estos seis hijos tuvieron a su vez los suyos, la diversidad en sus vidas se volvió aún mayor. Pero todos tenían en común el amor por la viejecita desgastada que vivía con gran simplicidad en la casita pobre, cercana a la nuestra, con su séptimo hijo, un hijo nacido mucho más tarde de distinto padre.

Todos sus hijos, ricos y pobres, venían a verla a menudo. Y porque había tantos nietos y bisnietos, alguien venía de visita cada día. Rara vez venían con las manos vacías y los regalos reflejaban la condición de quien los traía.

Mi bisabuela Mina recibía a cada uno como si fuera la persona más importante del mundo, como en realidad lo era para ella en ese momento. Contaba chistes, recordando siempre quién se los había contado a ella. Y le daba al visitante todas las últimas noticias de los miembros de la familia. Así que, aunque sus hijos tenían vidas aparte, ella era el eslabón que los unía. Pero sobre todo le gustaba escuchar y sabía conseguir que cada quien le contara lo que para él o ella era de verdadera importancia.

Mina recibía los regalos con regocijo y una sonrisa traviesa. Se alegraba igual con un manojo de flores silvestres, que con una naranja, un par de chinelas, un chal o unas toallas. Señalaba a su armario: "En la segunda tabla a la izquierda —decía con instrucciones precisas como si sus ojos ciegos pudieran ver— allí hay una lata de melocotones". O explicaba: "En la gaveta de más arriba, a la derecha, hay una caja de pañuelos".

Y así, la bisnieta pobre que vino con unas cuantas naranjas, se iba a casa con medias nuevas. La hija cansada que había traído un pomo de jalea de guayaba hecha en casa, se iba con un chal o con un sobre que ayudaría a pagar el alquiler ese mes. Y el hijo rico recibía una naranja de regalo, todo dado con la mayor simplicidad y la más grande alegría.

Mi bisabuela Mina, que nunca fue a la escuela, que no sabía leer y que nunca estudió las tablas de multiplicar, pero que se acordaba de la fecha del cumpleaños y de la edad exacta

de siete hijos, treinta y cuatro nietos, setenta y cinco bisnietos y algunos tataranietos, sabía un tipo de matemáticas distinto al de las áridas tablas que yo me aprendía de memoria. Sabía cómo sumar y restar, cómo aceptar, dar y compartir para que el resultado de la cuenta fuera el amor.

Capítulo 10

El heladero

Un heladero vendiendo sus helados en la Plaza de las Mercedes, en el Camagüey actual

En CASA NOS recordaban la guerra, la Segunda Guerra Mundial, sobre todo durante las comidas. "Antes de la guerra —decían mis padres o mis tías— había mucha mantequilla. No teníamos que hacerla".

Mi madre guardaba la nata que subía a la superficie cada vez que hervía la leche fresca, añadiendo un poquito cada día a la jarra que guardaba en el refrigerador. Una vez a la semana, me dejaba batir la crema con una cuchara de palo en un gran bol hasta que se volviera mantequilla. Cuando me empezaban a doler los brazos de cansancio, lavaba la mantequilla con agua helada, para separar el suero. La mantequilla que hacíamos era blanca, no amarilla, pero a mí me sabía fresca y deliciosa. No extrañaba la otra, que ocasionalmente había probado, y no me parecía que ninguna mantequilla pudiera saber mejor que la nuestra.

Los adultos también se quejaban de la falta de azúcar refinada, tan abundante, decían, antes de la guerra. A mí me encantaba el azúcar prieta. Muchas veces, como merienda, mi madre hacía un agujero en un pan y lo llenaba con azúcar prieta. Me parecía un gran deleite.

La guerra era algo lejano y distante, una palabra vacía para una niña a quien le encantaban la mantequilla hecha en casa y el azúcar prieta, y que pensaba que era divertido recolectar los envoltorios de aluminio de los bombones que a veces mis tías traían a casa después de ir al cine.

Las otras cosas que mi madre y mis tías lamentaban, la falta de cosméticos y de medias de nailon, me significaban todavía menos. Y en cuanto a tener que guardar los trozos de jabón, del jabón de olor que usábamos en el baño y del áspero jabón amarillo que usábamos para lavar ropa y para fregar, yo lo consideraba muy divertido. Los remanentes se derretían juntos en una lata, que luego producía una barra de múltiples colores y usos, con la forma de la misma lata. Hasta hoy recuerdo el olor del jabón hirviendo, y colecciono los jaboncitos que ponen en los hoteles que visito, como recuerdo de aquellos días de infancia.

Aunque la carencia de mantequilla y jabón durante la guerra no me importaba, la guerra me mostró su verdadero rostro horrible en la escuela. Yo iba a una de las dos escuelas estadounidenses que entonces había en mi ciudad, el Colegio Episcopal de San Pablo. Usábamos un uniforme de un horrible color mostaza, y los alumnos de las dos escuelas católicas cercanas se burlaban sin piedad de nosotros. Pero nuestros padres estaban encantados de que pudiéramos aprender inglés y recibir una educación bilingüe, así que allí íbamos. Durante muchos días, los maestros nos habían prometido que nos iban a regalar libros de muñequitos que podríamos llevarnos a casa. Estábamos impacientes por recibirlos. Los muñequitos, o tiras cómicas en colores, aparecían solo en el periódico del domingo y eran algo que esperábamos toda la semana. Un libro completo de muñequitos era algo desconocido y difícil hasta de imaginar. Pero cuando por fin aparecieron, lo que nos dieron no era nada divertido.

Algunas de mis compañeras deseaban que los muñequitos fueran de Blondie; otras querían el Pato Donald o el Ratón Miquito; algunos de los chicos esperaban que fueran aventuras de Tarzán o de vaqueros. Secretamente yo deseaba el Príncipe Valiente. Pero en lugar de los muñequitos que tan bien conocíamos por el periódico, los que nos dieron mostraban la lucha en el océano Pacífico. Los japoneses aparecían como criaturas enanas y monstruosas, pintadas de un amarillo brillante, con ojos desproporcionadamente oblicuos que hacían que sus caras parecieran máscaras feroces.

Yo solo había conocido a un japonés en mi vida. Era de hecho diminuto, aun para mis ojos infantiles, pero no era amarillo y sus ojos almendrados eran brillantes y serenos. Empujaba un viejo carrito de helados a través de la ciudad, yendo a un barrio distinto cada día, como para darles a todos la oportunidad de probar los deliciosos sabores de sus helados: piña, coco, chirimoya y más.

Mis padres raramente me dejaban comer nada que vendieran los muchos vendedores callejeros.

—Está hecho con agua impura. Puedes coger enfermedades terribles del agua impura —decía mi padre con una voz que no admitía discusión. Pero siempre me dejaban comprar helados del heladero japonés.

—Él hierve el agua —decía mi madre—. Se asegura de que lo que venda sea puro.

El helado del heladero japonés era distinto de todos los demás helados de las tiendas o restaurantes. Era más ligero, y en lugar del sabor empalagosamente azucarado tan prevalente en los postres cubanos, poseía solo la dulzura natural de las mismas frutas. A mí me parecía como si la esencia de las frutas se hubiera vuelto ligera y fría, pero sin dejar de ser fruta.

El heladero japonés servía su helado de manera diferente también. Para él era casi un arte. En lugar de llenar un vasito de papel, o poner una bola de helado sobre un barquillo, lo untaba gentilmente, muy parejo, con una espátula, sobre un barquillo redondo y plano. Luego lo cubría con otro barquillo igual, creando un grueso emparedado que vendía por un medio, una moneda equivalente a cinco centavos.

Para quienes no tenían un medio para gastarlo en helado, tenía pequeños botecitos de barquillo. Los más grandes costaban dos centavos, los más pequeños, solo uno. Los llenaba cuidadosamente de helado, rellenando los botecitos hasta el tope, y luego les añadía siempre un poco más encima.

Pero a menudo, incluso un centavo era demasiado dinero para muchos de los niños de Camagüey. Por cada niño que podía comprar helado había dos o tres que se quedaban mirando, observando el proceso cuidadosamente, deseando poder ellos también probar la fría frescura: coco, plátano, guayaba.

El heladero echaba una mirada rápida a su alrededor para asegurarse de que no había adultos mirándolo, de que su acto de gentileza no sería observado. Y luego levantaba la tapa de la caja de madera al frente del carrito donde guardaba los barquillos y sacaba algunos trozos partidos. Le ponía un poquitín de helado a cada trozo y, silenciosamente, se los alcanzaba a cada uno de los chiquillos expectantes, con apenas la insinuación de una sonrisa. Luego, cerraba la tapa y continuaba empujando el viejo carrito por las calles.

Nunca gritaba: "¡Helado! ¡Heladeeero!", como los otros heladeros bulliciosos. No tocaba una campana, ni un silbato. Sin embargo, de algún modo siempre sabíamos cuando estaba en la vecindad.

Después que miré los muñequitos que me habían regalado, los muñequitos que mostraban las odiosas caras amarillas, los rompí página a página, sintiendo tristeza y vergüenza.

"¿Cómo es posible —me preguntaba— que haya personas que se odien tanto que puedan pelear y matarse unas a otras?".

No quería que nadie más viera los pequeños monstruos amarillos, porque en mis pocos años yo había conocido a un japonés de verdad, y él había traído una fragante frescura, y sobre todo generosidad, a las calles de mi ciudad.

Capítulo 11

Las fiestas de San Juan

Mi bisabuelo, Federico Salvador Arias, con su familia. El auto
estaba decorado para las fiestas de San Juan.

"¡MONO VIEJO! ¡FRIJOLITO! ¡Pata'e queso la bayoya y su abuela de cebolla!", gritaban los muchachos persiguiendo por la calle a un hombre vestido de pies a cabeza de tela floreada, con solo un par de agujeros para los ojos y otros para la nariz y la boca.

Al oír a los muchachos, el mono viejo se daba la vuelta. Los múltiples cascabeles de su disfraz repicaban ferozmente, mientras él amenazaba a los chicos con un largo y grueso rabo, una soga forrada con la misma tela del traje y cubierta de cascabeles aún más grandes.

Los chicos se dispersaban gritando, corriendo cada uno en una dirección distinta, refugiándose en portales y callejones. Y el mono viejo seguía dando saltos y cabriolas por las calles de la ciudad hasta que otro grupo de chicuelos reuniera el coraje para gritarle de nuevo: "¡Mono viejo! ¡Frijolito!".

Eran las fiestas de San Juan, el carnaval camagüeyano, que duraría todo el mes de junio, culminando el día 29. En Cuba, como en muchas partes de España e Hispanoamérica, cada pueblo celebra las fiestas patronales en su propio día, el día del santo patrón. En Camagüey el día más importante era el de San Juan, el 24 de junio, pero, puesto que el día 29 de junio es un día muy especial, la fiesta de San Pedro y San Pablo en la tradición católica, y es apenas cinco días después, las fiestas se extendían hasta el 29 de junio.

Ya a principios de mes la ciudad empezaba a cambiar: el ladrillo y el cemento florecían. Los vecinos se disputaban el adornar y decorar su calle mejor que los demás. Y surgían los arcos triunfales de penca de palma y floridos gajos de framboyán. En algunos barrios, los chicos detenían los autos que pasaban, cruzando una soga a través de la calle, para solicitar donaciones para la decoración. Y no faltaban calles en que los encendidos gajos de framboyán y el verdor de las palmas fueran sustituidos por flores de papel y guirnaldas de luces de colores.

Todo era posible durante las fiestas de San Juan. En un pueblo donde todo el mundo conocía a los demás, donde las reglas sociales eran rígidas y estrictas, y donde ningún acto pasaba desapercibido, en este mes del año todo estaba permitido. Los hombres se vestían de mujer y todo el mundo podía satisfacer su fantasía de ser pirata o princesa, dama cortesana o paje, Supermán o Tarzán, arlequín o reina. Era frecuente ver que la gente pálida decidiera volverse negra durante el carnaval, como si por una vez necesitaran reconocer su escondida y negada herencia africana. Quienes no tenían una fantasía favorita y cuyo único propósito era divertirse, se disfrazaban de mamarrachos. Para esto, lo único necesario era ocultar toda posible seña de identidad. Y el pelo desaparecía detrás de medias de nailon, las manos dentro de calcetines, el rostro detrás de una careta o quizá de una nariz postiza y una capa de maquillaje. Todo se valía en tanto que nadie, ni siquiera la madre del mamarracho, pudiera reconocerlo. Cambiando la voz, el mamarracho entonces podía

aparecerse en casa de amigos o vecinos, reírse y bromear con todos los transeúntes, coquetear con señoras respetables y burlarse
de los dignos miembros del Colegio de Profesionales, los señores
que podían añadir el título de doctor a sus nombres y que se
sentaban pomposamente en su club, en el centro de la ciudad.

Durante las noches de paseo, salían carrozas por el centro
de la ciudad, seguidas de antiguos coches de caballos traídos
por ferrocarril de todos los rincones de la isla especialmente
para la ocasión. Al paseo se unían también camiones en cuya
cama se hacinaban grupos bulliciosos que tiraban confeti y ser-
pentinas a los espectadores que llenaban las aceras.

De tramo en tramo, el paseo cobraba aún mayor vida con
las comparsas en las que grupos de veinte, de cuarenta, o de
sesenta personas coordinaban el paso y el movimiento de las
farolas. Al pasar las comparsas, moviéndose con los pasos in-
trincados de las danzas, la gente, parada en las aceras, en las
puertas de las casas, en las ventanas, bailaba en su sitio, de-
jándose arrastrar por la música. Y movían hombros, cintura y
caderas, marcando el paso e incluso cantando con ellas:

> *Mírala, ¡qué linda viene!*
> *Mírala, ¡qué linda va!*
> *La comparsa Maravillas*
> *que se va y no vuelve más.*

Y seguían pasando carrozas, coches y camiones cargados
de disfrazados. Y llegaba otra comparsa. Los brazos, con man-
gas de volantes, levantaban en alto las farolas, y todos en la

comparsa y en las aceras, hombres y mujeres, padres e hijos, abuelos y nietos, cantaban:

> *Al carnaval de Oriente no voy.*
> *En Camagüey, ¡se goza mejor!*

El paseo iba llegando a su fin. Pero, ¡qué final! Era el momento de las congas. Arrollando, al compás del cuero de bongós y tumbadoras, se acercaban las congas. Grupos de gente bailando juntos, pero no en coreografías, como las comparsas, solo juntos. Las primeras tenían todavía un parentesco muy cercano a las comparsas que las habían precedido. Y su música rítmica podía cantarse:

> *Uno, dos y tres ¡qué paso más chévere!*
> *¡Qué paso más chévere el de mi conga es!*

> *Al tambor mayor delante*
> *nadie lo puede igualar*
> *con el ritmo fascinante*
> *de mi Cuba tropical.*

Pero muy pronto, todo símil de orden desaparecía. Lo que arrollaba por las calles era el pueblo. Quizá todavía con algún bongó, alguna tumbadora, pero ahora más que nada bajo el ritmo persistente, hipnótico, del hierro contra el hierro, antiguas ruedas de automóvil golpeadas con trozos de cabillas.

Mientras el majestuoso río humano inundaba las calles

con sus ritmos poderosos, todo lo que había aparecido antes era apenas preludio. Las damas antiguas de empolvadas pelucas, la reina y sus damas, los arlequines, la falsa fuerza de los improvisados *supermanes*, todo desaparecía; solo primaba en las calles el recuerdo de selvas y de ríos, de ancestrales ritos de caza, de la siembra, del matrimonio, ritos ignotos y olvidados, pero latentes en la sangre que ahora circulaba aceleradamente al compás de las congas. Sangre que nunca sería mía sola, sino nuestra, sangre que correría no solo por mis venas, sino por las de todos, una, conectada de nuevo a sus raíces, a sus poderosas, vigorosas, raíces africanas, en un tiempo vergonzosamente esclavizada, ahora libre, redimida por el poder de este ritmo acuciante, libre y digna, ahora y para siempre.

Despedida

Bajo los framboyanes, en los hombros de mi tía Mireya

HIJA DEL CAMPO y del aire libre, nuestra mudanza a la ciudad fue muy difícil para mí. Como una planta trasplantada a una maceta demasiado pequeña, carente de sol y lluvia, me mustié. Pero cuando las congas arrollaban por las calles de la ciudad, medio escondida detrás de la puerta, temerosa de la fuerza de los tambores, desperté al eco de su ritmo en mi sangre.

Mientras observaba a la muchedumbre pasar de unas cuantas docenas a varios cientos de personas golpeando los tambores de cuero o de acero, comprendí que mis raíces llegaban muy hondo.

Algunas de ellas vinieron de España, de la cual mi abuelo Modesto se escapó en un barco y que mi abuelo Medardo abandonó cuando no pudo casarse con la prima que adoraba. Pero mis raíces también se hunden muy profundamente en la tierra cubana, hasta los siboneyes cuya voz resuena en el nombre de la ciudad donde nací, Camagüey, del río Tínima de mi niñez, cuyo espíritu indomable permanece en las esbeltas palmas reales. Y mis raíces van hasta África, a la tierra del ritmo capturado por los tambores, la tierra donde las ceibas majestuosas elevan sus ramas sagradamente hasta el cielo.

Estas raíces me alimentaron, los troncos que nacieron de ellas me animaron a trepar alto, a observar el mundo desde la altura de sus ramas.

Mi padre me construyó una casita en las ramas de un algarrobo que crecía junto al río. Desde allí podía, si me quedaba tan quieta como las garzas, observar cómo las jicoteas salían del agua a solearse en las rocas. Podía observar las ranas saltando para cazar moscas y las biajacas y guajacones brillando bajo el agua. El mundo del río estaba allí, bajo mis ojos.

Desde la seguridad de mi hogar también podía observar el mundo que me rodeaba: los vendedores ambulantes, los mendigos, la gente de la calle; cada una, una vida, una historia por contar.

Ahora, mientras escribo estas líneas el otoño llega a las montañas en el norte de California, donde hoy vivo. Las hojas se vuelven amarillo brillante, rojo profundo; yo absorbo sus colores. En algún momento una hoja llama mi atención, quizá porque su forma es perfecta o su color intenso, y la recojo y la traigo a la casa. Y, de algún modo, es como si con esa hoja hubiera traído todo el bosque a mi escritorio.

Así pasa con estos cuentos. Hay muchos más colgando en las ramas de los árboles de mi infancia. He recogido unos cuantos, deseando darte a probar aquellos días endulzados por mangos y guayabas, perfumados por la fragancia de los azahares, avivados por las ramas floridas de los framboyanes.

Días en la Quinta Simoni

Ilustraciones de Edel Rodríguez

Para todos los miembros de la familia Lafuente-Salvador, cuyas raíces llegan hasta la Quinta Simoni, con la esperanza de que valoren siempre su herencia de bondad, generosidad, valor, creatividad y responsabilidad.

Introducción

La Quinta Simoni, de izquierda a derecha yo, mi prima Virginita, mi tía Virginia, abuelita Lola

En la quinta Simoni, la magia comenzaba muy temprano en la mañana, cuando mi abuela me despertaba para ir a visitar a las vacas. En Cuba, solo vacas muy especiales vivían en establos; nuestra pequeña manada vivía al aire libre, comiendo hierba el año entero. Un trabajador de la finca ordeñaba a las vacas bajo la sombra de un árbol. Todas las mañanas mi abuela le daba un gran vaso de cristal y él ordeñaba la leche directamente en el vaso. Abuelita siempre me dejaba beber primero y, mientras yo sostenía el vaso con las dos manos, la espuma de la leche me hacía cosquillas en la nariz.

La magia continuaba a lo largo del día. Me permitían corretear libremente por los campos de la quinta y me pasaba largos ratos junto al río, observando a los peces, los pequeños guajacones que comían larvas de mosquito en la superficie; las ágiles biajacas que nadaban en aguas más profundas; los renacuajos oscuros, en distintas etapas de volverse ranas. Los grandes renacuajos verdes de vientre amarillo se convertirían en ranas toro, como las que oíamos cada noche. No era fácil verlos, por eso descubrir alguno era algo especial. Lo mismo sucedía con las jicoteas, las tortugas de río que tenían un oído muy agudo; no importaba cuan calladamente me acercara al río, todo lo que alcanzaba a ver eran las ondas que dejaban sobre el agua cuando saltaban desde las rocas de la orilla antes de que yo llegara a la orilla.

También existía el enorme árbol caído cerca del río: un gigante en reposo de cuyo costado crecían rectas numerosas ramas. Si en aquella época hubiera sabido cómo son las arpas, hubiera dicho que parecía una. En cambio, para mí, el árbol caído era un barco de vela con varios mástiles en un viaje osado. Y leí muchos relatos de aventuras trepada sobre él.

Nuestro propio patio estaba lleno de maravillas: la fragancia de los azahares, particularmente después de la lluvia; la sorpresa de encontrar huevos de lagartija bajo los helechos; el entusiasmo de ver a las múltiples gallinas de abuelita rodearnos mientras les echábamos granos de maíz u hojas frescas de canutillo que habíamos recogido en las márgenes del río.

Y había una magia maravillosa en los cuentos de abuelita. Cuando me contaba las hazañas heroicas de los patriotas cubanos durante la lucha por la independencia siempre me recordaba que Ignacio Agramonte, culto y valiente, había enamorado a su novia, Amalia Simoni, en nuestro propio jardín.

Los cuentos de abuelita sobre los antiguos dioses y diosas del Olimpo hacía que me parecieran tan reales que imaginaba que en cualquier momento me los encontraría en algún rincón de la casa o el patio. Y sus cuentos de animales cambiaban cada vez que volvía a contarlos, porque les entretejía detalles de lo que hubiera a nuestro alrededor en aquel momento.

Había maravilla en todas partes. En los barriletes y cometas que volaban en los días de viento, en los barquitos de papel que navegaban después de un aguacero, en los sencillos juegos que jugábamos mientras cantaban rondas que se habían cantado por cientos de años.

Para capturar la magia de aquellos días sencillos en la Quinta Simoni y compartirlos contigo, lector, lectora, se han escrito estos relatos.

Capítulo 1

Pregones

La carretilla del afilador

Un hombre pedalea por las calles del Camagüey de hoy

E<small>L</small> PRIMER PREGÓN de cada día era el del panadero:

Pan... panadero... calentico...
pan de leche... pan de huevo... calentico...

Amas de casa y sirvientas salían a su reclamo, en busca del pan oloroso, mañanero. Al comprar el pan recogían también las botellas de leche. Las había dejado junto a la puerta el lechero, que mientras todos en la ciudad dormían, recorría las calles en su araña, el carro amarillo de dos ruedas, tirado por un caballo madrugador.

El pan de la mañana nos llegaba acabadito de hornear. Algunas veces lo remojábamos en el café con leche, otras, le untábamos mantequilla para luego comerlo en bocaditos pequeños, saboreándolo. A mí me gustaba arrancarle la miga del centro, esponjosa y tibia, y dejarla disolverse lentamente en la boca.

El panadero era un hombre grueso, con una calva brillante. Tenía un carro blanco, tirado por un caballo blanco también. La mayoría de los caballos que tiraban de carretones, arañas y planchas, se veían flacos y hambrientos. En contraste, el del panadero estaba gordo y lustroso, como su amo.

Cada mañana lo esperaba con entusiasmo, porque me encantaba el pan casero y la sonrisa amable del panadero. Él me levantaba con sus brazos grandotes y me sentaba a su lado en el pescante del carro. Envuelta en la fragancia del pan recién horneado me sentía como Cenicienta en su carroza durante el breve trayecto hasta la casita de al lado, donde vivía mi bisabuela y terminaba mi paseo. A los tres años y temprano en la mañana no tenía la menor duda de que cuando fuera grande me casaría con el panadero.

A lo largo del día seguían los pregones. El viandero tirando del cabestro de una mula cargada con dos cerones bien repletos, pregonaba:

Malanga blanquita… yuca tierna…
boniatos dulces…

Sonreía de gusto mientras sacaba las viandas del fondo interminable de las grandes alforjas de paja.

—Mire, caserita, ¡qué calabaza! Las yucas están muy buenas. Y, ¿no quiere ñame? Tengo unas papas buenísimas. Para freírlas, para puré… Y, ¿no lleva unas mazorquitas? Mírelas, mírelas, no va a encontrar maíz más tierno, caserita.

Y los frutos de la tierra iban pasando a los brazos de mi madre y cuando ella ya no podía sostener nada más, el viandero me ponía en las manos un trozo de calabaza anaranjada, de gruesa corteza verde, diciendo: "Un poco de calabaza, niña, para que le dé buen sabor a la sopa…".

El verdulero no pregonaba. Alto, delgado, colocaba en la acera los dos canastos planos que había traído en los extremos de una pértiga balanceada sobre los hombros. Lo hacía en silencio, con tanta dignidad como si lo que presentara a la vista de mi madre fueran joyas preciosas en lugar de lechugas tiernas, rabanitos picantes, lustrosos pimientos… Y en verdad era como si la lámpara de Aladino hubiera transportado un jardín florecido a nuestra puerta.

Mi madre iba eligiendo con cuidado, sin destruir el efecto artístico de las verduras y hortalizas, largas y tiernas habichuelas verdes, macitos de berro, una col perfecta en su redondez. Y, mientras las escogía, trataba de entablar conversación:

—Y en China —preguntaba— ¿crecen rabanitos tan buenos como estos en China?

El verdulero sonreía en silencio. Y sus ojos desaparecían en su rostro usualmente tan serio.

Una mañana, casi sin haber dado los *buenos días*, abandonada toda reserva le dijo a mi madre:

—Esto, señora, esto es lo que crece en China… doce años sin verlo, señora, hasta poder tener el dinero para el pasaje…

Y empujaba hacia delante, lleno de orgullo, a un chiquillo que, intimidado, no acertaba a levantar los ojos del suelo.

—Mi hijo, señora, mi hijo, doce años sin verlo…

Y se reía, con una risa alegre, haciéndonos admirar esta vez un verdadero tesoro, el tesoro por el cual había cultivado por tanto tiempo y con tanto esmero, como si fueran joyas, tomates y lechugas, berros y rábanos, zanahorias y berenjenas.

A veces los pregones eran musicales, como el pregón del silbato del afilador, que recorría las calles de la ciudad empujando su rueda de afilar montada sobre una simple carretilla de madera, con un pedal que le permitía hacerla girar. Siempre dispuesto a devolverle el filo a cuchillos, tijeras, machetes, cuchillas...

A mi madre el silbido del afilador le recordaba un tango y rompía a cantar:

Afilador,
no abandones tu pedal;
dale que dale a la rueda
que con tantas vueltas
ya la encontrarás...

La tarde era de los dulceros. Pasaba uno pregonando:

Coquito acaramelao-o-o-o...

Traía en un hombro la caja de los dulces y en el otro una tijera de madera, que abría para colocar su mostrador ambulante. A través de los costados de vidrio de la caja podíamos ver los cuadraditos de dulce de leche y las bolas oscuras de dulce de coco. Pero mis favoritos eran los coquitos acaramelados. Dentro de la bola redonda de azúcar cristalizado se encerraba el coco rallado, blanco y húmedo de almíbar.

Otro pregón que me hacía salir ilusionada al portal era el de:

Barquillos, barquillerooo…

El barquillero no vendía directamente los barquillos, sino que por una moneda se podía dar la vuelta a la ruleta instalada en la tapa del cilindro de latón en el que cargaba los barquillos. El número que saliera en la ruleta determinaba el número de barquillos, desde el uno o el dos que salían a menudo hasta el codiciado veinte, que rara vez salía. Yo no perdía las esperanzas de que algún día el puntero de la ruleta se detuviera en el veinte.

El ingenio cubano se manifestaba de muchas maneras. El manisero se había construido un horno portátil con una lata cuadrada a la que le había puesto un asa y un doble fondo, debajo del cual llevaba tizones encendidos para mantener calientes los cucuruchos de maní tostado.

Su pregón característico: *"Maní, maniserooo…"* había dado lugar a una de las canciones cubanas más populares. Por eso no era extraño que al oírlo alguien en la casa empezara a cantar:

Maní, manisero se va…
Cuando la calle sola está,
casera de mi corazón,
el manisero entona su pregón
y si la niña escucha su canción
llamará desde el balcón.
Maní, manisero se va.

Caserita no te acuestes a dormir
sin comerte un cucurucho de maní.

El pregón favorito de mis tíos era el del tamalero:

Tamales...
Con picante y sin picante...

Igual que el manisero, el tamalero se valía de una lata convertida en horno portátil para transportar su mercancía. La masa de harina de maíz encerraba pedacitos de carne de puerco y, si se habían pedido con picante, aparecía salpicada de rojos trocitos de ají. La hoja, que en la planta envuelve a la mazorca, envolvía también los deliciosos tamales, triunfo y gloria del maíz.

Mis tíos respondían con frecuencia al llamado del tamalero y a mí me encantaba que me convidaran a un trocito.

Pero el pregón que yo esperaba con ansias era el del vendedor de empanadillas, que pregonaba:

De guayaba y carne...

¡Qué deliciosas las empanadillas! Las había de harina de maíz, gruesa y sustanciosa, rellenas de picadillo de carne con pasas y aceitunas, o de harina de trigo, crujientes y tostaditas, rellenas de conserva de guayaba. Al freírlas, la conserva se ablandaba. Si las empanadillas estaban todavía calientes, la pasta oscura de guayaba chorreaba en la boca al morderlas.

Una tarde conseguí que me dejaran a mí comprar las empanadillas. Con un medio, una moneda de cinco centavos, en la mano, me acerqué al empanadillero.

—¿A cómo son? —pregunté, tratando de que mi voz de cuatro años sonara como la voz de compradora experimentada de mi madre.

—A dos por medio —me contestó complaciente el empanadillero.

Pensé un momento. Si dos empanadillas idénticas costaban cinco centavos entre las dos, eso significaba que él cobraba tres centavos por una y solo dos por la otra. Así que le pedí muy segura:

—Pues deme dos, una de carne y una de guayaba, pero… ¡de las de dos centavos!

El empanadillero se rió de mi ocurrencia. Me envolvió las dos empanadillas y me devolvió un centavo.

Entré a mi casa orgullosísima. No solo traía las dos empanadillas que comprábamos cada noche, sino que ahora tenía un centavo para mí. Con ese centavo podría comprar al día siguiente un paquetico de galleticas La Estrella, con una postalita del cuento de Gulliver, para pegar en mi álbum.

Pero, para mi gran sorpresa, mi padre no celebró el uso al que había puesto mis conocimientos de aritmética.

—Dios no te ha dado inteligencia para que te aproveches de los demás… —Y su voz era más firme que de costumbre.

—A ver, piensa, ¿quién necesita más ese centavo? ¿Tú, que quieres comprarte una galletica o el empanadillero, que se gana la vida vendiendo empanadillas a dos por medio? —Y no dijo nada más.

Al día siguiente, en mi rincón favorito del jardín, debajo de la mata de carolinas, miré y remiré el centavo. Por un lado mostraba la estrella solitaria de la bandera cubana; por el otro, el escudo nacional.

El kiosco donde vendían las galleticas *La Estrella* estaba a media cuadra. Mis padres no me animaban a comprar galleticas, me daban solo un centavo cada semana, así que mi álbum se llenaba muy lentamente. Ahora tenía la oportunidad de conseguir una postalita más. ¿Cuál conseguiría si compraba una galletica? ¿La número cuatro que me permitiría, por fin, completar la primera página del álbum? ¿La que mostraba a Gulliver en el suelo, atado por los liliputienses?

Esa tarde pedí de nuevo que me dejaran ser quien comprara las empanadillas. Mi padre, sin decir una palabra, sacó un medio, una moneda de cinco centavos, de su monedero de cuero y me la dio.

En cuanto oí el pregón:

Empanadiii... llas...

corrí al portal y le pedí al empanadillero:

—Una de carne y una de guayaba, por favor.

Cuando me las entregó, con la misma sonrisa buena con la que había celebrado mi ocurrencia el día anterior, le di el medio que me había dado mi padre y el centavo que había guardado todo el día en el bolsillo del vestido, diciéndole:

—Estas son de las de tres centavos.

Y mientras el empanadillero, sin comprender muy bien, miraba los seis centavos, entré feliz a la casa, con las empanadillas calientes en la mano y un sentimiento dulce en el corazón.

Capítulo 2

Barquitos de papel

Después de cosechar los cocos, en 1938

Mi padre, mi madre y yo

En CUBA, A un día de sol le sucede otro día de sol, hasta que empieza la estación de las lluvias. Los aguaceros van punteando la existencia. Los campesinos esperan las aguas para que rieguen los sembradíos y la gente de la ciudad para que laven las calles y apaguen el calor.

Los niños esperábamos las primeras lluvias para que empezara la temporada de los mangos. "Los mangos solo maduran después de los primeros aguaceros", explicaban las madres. "Los mangos recogidos antes de que empiecen las lluvias dan disentería", prevenían las abuelas.

Por eso, las primeras lluvias de cada año eran recibidas con jolgorio. Ahora sí podríamos comer la fruta deliciosa. Los mangos de mamey, de un dorado perfecto; los mangos del Caney, grandes y colorados; los mangos de hilacha, que no comíamos sino que chupábamos. Los mangos de hilacha no se deben cortar ni morder, sino que se golpean parejo, suavecito, hasta que toda la pulpa se convierte en jugo. Entonces se les arranca con los dientes un pedacito de cáscara en la punta; luego se va exprimiendo el mango, lentamente, hasta sorberle todo el jugo delicioso.

Las lluvias, tan bien recibidas a causa de los mangos, significaban también encierro, a menos que fuera un chaparrón bonachón a mediodía y mamá quisiera bañarse en el aguacero.

Para bañarnos en el aguacero nos poníamos los trajes de baño, como si estuviéramos en la playa y corríamos al patio del aljibe. Correteábamos, mamá y yo, entre los canteros de flores por un ratico, y luego nos colocábamos debajo de uno de los chorros que bajaban, desde la alta azotea, por las canales de zinc. El chorro fuerte nos golpeaba y gritábamos mientras nos llenábamos la boca de agua y el corazón de alegría.

Pero si la lluvia venía acompañada de truenos y relámpagos, no podíamos bañarnos. Y si eran los días de temporal, con viento, en los cuales la lluvia duraba todo el día, en ese tiempo en que todavía no sabía leer, las horas de encierro se me hacían interminables.

Afortunadamente, mi padre tenía un remedio especial para el tedio del encierro: dejarme curiosear en su gavetica…

La gavetica era uno de los cajones de su escritorio. Verle abrir la gran tapa de madera corrediza era ya motivo de entusiasmo para mí, porque el escritorio encerraba todo tipo de cosas sorprendentes: algunos de sus instrumentos de agrimensor y sus materiales de dibujo lineal con los que creaba los planos.

Papá extraía la gavetica y la ponía a mi alcance, dándome siempre las mismas instrucciones: "Puedes elegir lo que quieras, pero solo una cosa. Piénsalo bien, porque una vez que decidas, no la podrás cambiar".

En la gavetica habitaban los tesoros más dispares: bolas y

bolones de cristal, lápices de todo tamaño y color, gomas de borrar, presillas, hebillas, caracoles, tijeritas sin punta, monedas de distintos países, piezas de dominó y de rompecabezas, un sello de lacre… todo tipo de cosas que mi padre había encontrado regadas por la casa o que había traído de sus múltiples viajes.

Llevaba largo tiempo rebuscar en aquel tesoro. ¡Qué bien entendía entonces el deslumbramiento de Aladino, las dificultades de Alí Babá! En algunas ocasiones la elección era menos difícil, por ejemplo, si llevaba días sin poder jugar a los *jackies* por haber extraviado la pelota que ahora me sonreía desde la gavetica. Pero estas ocasiones eran raras, pues casi siempre la elección se me hacía imposible. ¿Cómo decidir entre el sello de lacre con las iniciales de mi abuelo y un hermoso bolón de cristal azul? ¿O entre la llavecita dorada y una hebilla para mi muñeca? ¿O entre una lupa y un cristal tallado en el cual se encerraba un perenne arco iris?

Cuando al fin me atrevía a tomar una decisión, el aguacero casi siempre había terminado. Si había llovido mucho, correrían por la cuneta arroyos veloces y mi padre me estaría esperando con un periódico viejo en las manos.

Papá doblaba el periódico con cuidado, juntando esquina contra esquina, hasta formar un cuadrado perfecto. Luego, lo doblaba hasta formar un gorro de papel, como el que usaban los albañiles, y luego, una vez más, hasta que el barco quedaba listo.

Yo le insistía en que hiciera uno doble y él volvía a doblarlo hasta que el barquito, además de la vela central tuviera pequeños toldos en la popa y la proa.

Para que los barquitos de papel resistieran mejor el viaje, mi padre utilizaba varias hojas de periódico a la vez. Iba haciendo los barquitos uno por uno. Y a medida que los terminaba salía a dejarlos sobre la corriente.

Desde el quicio de la ventana, cuyos balaustres torneados llegaban hasta el suelo, yo los veía pasar navegando frente a la casa, cargados de ilusiones de niña y cariño de padre.

Capítulo 3

Barriletes

Mi padre y mi madre

Mi madre

Agosto Y SEPTIEMBRE son meses de ciclones y temporales en el Caribe. Durante los años de mi niñez, los días en que el viento soplaba sin lluvia, eran días para empinar barriletes.

En cuanto regresábamos de las vacaciones en la playa, papá empezaba a hablar de hacerme un barrilete. Yo esperaba con ansiedad ver a los papalotes y cometas bailar en el aire, pero sabía que antes de que eso pudiera ocurrir, habría otro tipo de baile. Una danza que tendría lugar alrededor de la recia mesa del comedor, tan grande que comíamos en ella a diario más de doce personas, entre las que yo era la única niña.

Papá disponía sobre la mesa todos los materiales que se necesitaban para hacer un barrilete: los livianos güines, que proveerían la estructura; el lustroso papel de china, de colores brillantes; los gránulos de goma arábiga, que parecían trocitos de caramelo quemado; el cordel necesario para atar los güines y crear los frenillos; su afilado cuchillo de mango blanco para cortar los güines y un gran par de tijeras.

Entonces empezaba la danza. Mientras papá cortaba y ataba los güines, para formar la armazón del barrilete, mamá ponía a hervir en agua la goma arábiga, para hacer el pegamento con el que pegaría los papeles de colores. Trabajaban junto, apenas hablaban, pero se sonreían con frecuencia, satisfechos con sus tareas. Cada uno parecía anticipar lo que el otro necesitaría en todo momento.

El papel de china, liso y brillante, era muy delgado y se arrugaba con facilidad. Mi padre lo cortaba con cuidado, con su afilado cuchillo. Luego lo estiraba y lo sostenía, mientras mamá iba untando la goma que uniría los pedazos y los sujetaba a los güines.

A papá le encantaba hacer barriletes multicolores: amarillo, verde, rojo y anaranjado. Mientras volaban en el aire parecían enormes loros o guacamayos escapados de la selva. Mamá, en cambio, prefería hacer barriletes de un solo color, que me recordaban a las mariposas.

En Camagüey hablábamos de *barriletes*. Años después aprendí que en el amplio mundo en el que se habla español, existen distintos nombres para llamarlos: *papalotes, cometas, huilas*. Uno de estos nombres, *papagayos*, hubiera sido muy apropiado para los barriletes de muchos colores que papá prefería. El nombre *papalote*, que se deriva del náhuatl *papalotl*, que quiere decir mariposa, hubiera sido perfecto para los de mamá.

El viento soplaba todavía con fuerza. Papá y mamá habían trabajado un largo rato, danzando alrededor de la mesa de la cocina. El resultado de sus esfuerzos era un barrilete multicolor de los que papá prefería (anaranjado, amarillo, rojo y verde, un verdadero papagayo) y uno de los barriletes de mamá, una encantadora mariposa azul.

Para que los barriletes se eleven ligero, sin cabecear,

necesitan un rabo, que debe ser largo, pero liviano. Usualmente están hechos de tiras de tela. Pero para estos barriletes a mamá se le ocurrió una nueva idea. Papá quedó muy sorprendido al verla desenrollar dos viejas cintas de máquina de escribir a las que ató numerosos lacitos.

Llevamos los barriletes para empinarlos en la Plaza de La Habana, el terreno baldío frente a nuestra casa, la Quinta Simoni. Los preciosos barriletes se elevaron enseguida, gracias a sus largas colas livianas, y muy pronto volaban muy alto.

Mientras mis padres sostenían los cordeles que los sujetaban, yo escribí en trocitos de papel mensajes para los barriletes. "Por favor, mamá, papá, mándenles estas cartas".

Cada uno le hizo una pequeña rajadura al trocito de papel y lo insertó en el cordel. Muy pronto, el aire fue empujando los papelitos que fueron subiendo hasta los barriletes.

Esa tarde ventosa, gracias a la habilidad de mi padre y el ingenio de mi madre, nuestros barriletes volaron más alto que ninguno. Los barriletes que subían y bajaban girando en el aire, me hacían pensar en mis padres alrededor de nuestra mesa; cada uno moviéndose libremente, pero ambos partes de la misma danza.

Capítulo 4

Rondas y juegos

Mis padres, mi prima Virginita y yo después de una extraordinaria excursión a caballo a Topes de Collantes

De izquierda a derecha: tía Virginia, tía Mireya, Mamá, tía Lolita

Tía Virginia y yo, en la Escuela Normal de Camagüey

ÉRAMOS UNA GRAN familia los que vivíamos en la Quinta
Simoni. Abuelita Lola, a quien yo llamaba *Mi paraíso*, me
enseñó a leer y llenó mis primeros años con sus magníficos
cuentos; mis padres, mis tías y tíos, eran siempre cariñosos. Mi
bisabuela Mina vivía en una casita al lado. Pero aparte de ella,
no teníamos vecinos cercanos. La Quinta Simoni estaba al extremo de la ciudad. No me faltaban amigos entre los árboles y
los animales que observaba junto al río, pero deseaba jugar con
otros niños como lo hacían los personajes de los libros que leía.

Viéndome jugar largos ratos con la niña que aparecía en el
espejo de su armario cuando me sentaba en el suelo frente a él,
mi madre se dio cuenta de mi deseo y decidió crear un juego
para mí.

Me dio varias hojas de papel y las cortó en cuadrados.
Luego me enseñó cómo hacer sobres. Por último, sumergimos
en agua algunos sobres usados, para que los sellos se despren-
dieran. Mamá me dio uno de sus bolsos viejos para que guar-
dara los materiales y me nombró "la cartera oficial de la casa".

Todos los días recorría mi ruta dos veces. Por la mañana
todos me daban las cartas que les habían escrito a otros miembros de la familia y me "compraban" papel, sobres y sellos.

Por la tarde, depositaba entusiasmada, en el cuarto de cada uno, las cartas que me hubieran dado para ellos.

Al recordar aquellos momentos me maravilla que tantos adultos estuvieran dispuestos a jugar aquel juego para distraerme y hacerme feliz.

Pero, por divertido que fuera, vender materiales de correos y entregar cartas llenaba solamente una parte del día.

Una tarde, cuando el sol ya estaba muy cerca del horizonte, mi madre llamó a sus hermanas desde el amplio portal.

—¿Se acuerdan los juegos que jugábamos aquí?

No tardó mucho para que las tres estuvieran corriendo y persiguiéndose unas a las otras. Entonces, mi tía Lolita preguntó: "¿Se acuerdan de *La Marisola*?".

Las demás hicimos un círculo alrededor suyo, cogidas de las manos y cantamos la vieja canción de rueda:

> *A la Marisola*
> *que está en su jardín*
> *abriendo la rosa*
> *cerrando el jazmín.*
> *¿Quiénes son los estudiantes*
> *que andan por allí,*
> *que ni de día ni de noche*
> *me dejan dormir?*

Luego mi madre empezó a saltar en un solo pie, cantando:

Desde pequeñita me quedé,
me quedé,
algo resentida de este pie,
de este pie...

y la seguimos, saltando y cantando como ella, hasta que no podíamos aguantar más la risa.

Durante varias semanas mi madre y mis tías jugaron conmigo en el portal. Algunas veces jugábamos un juego que ellas habían jugado de niñas. Formábamos dos filas y cantábamos:

Ambos a dos, materile, rile, rile,
ambos a dos, materile, rile, ron.

O dos de nosotras formábamos un arco, cogiéndonos de las manos y levantando los brazos, mientras que las otras pasaban en fila debajo del arco, cantando:

Al ánimo, al ánimo,
la fuente se rompió.
Al ánimo, al ánimo,
mandarla a componer.
Al ánimo, al ánimo,
dinero no tenemos.
Al ánimo, al ánimo,
nosotras le daremos...

En otras ocasiones me enseñaban rimas que podía repetir mientras saltaba la cuerda, que nosotras llamábamos "saltar a la suiza". La que más gracia me hacía era la que repetía:

> *One, two, three,*
> *Shirley Temple vino a Cuba,*
> *one, two, three,*
> *en un barco americano,*
> *one, two, three,*
> *a enseñar a los cubanos,*
> *one, two, three,*
> *a bailar el...*
> *One, Two, Three...*

Poco a poco, para nuestra sorpresa, empezaron a llegar cada tarde algunos niños deseosos de participar en los juegos. Y así, mi madre y mis tías regresaron a sus tareas y nos dejaron que jugáramos solo los niños.

Aquellos niños y yo no nos conocíamos formalmente. Ninguno vivía cerca porque la Quinta Simoni estaba muy aislada. Algunos vivían en dirección a la ciudad, otros en las zonas más alejadas de la ciudad que eran más pobres. No íbamos a las mismas escuelas. Y me llevó algún tiempo saber sus nombres. Sin embargo, llegaban cada tarde, casi al mismo tiempo, como se reúnen los gorriones en el parque alrededor de las semillas.

Usualmente nuestros juegos comenzaban con las rimas tradicionales de mi madre, luego se volvían más animados. Algunas veces nos poníamos en parejas, uno frente al otro, nos cogíamos fuertemente de las manos, y, sin levantar los pies del suelo, con el cuerpo inclinado hacia atrás, girábamos, cada vez más rápido, cantando: *Bate, bate, chocolate...*

O formábamos un círculo y saltábamos tan alto como podíamos mientras girábamos, cantando:

Salta, Perico, salta,

salta por la ventana...

Nos gustaba también jugar a *La candelita.* Cada uno elegía una esquina, que era un lugar seguro. Podían ser las columnas del portal o las ventanas, tan altas que iban desde el suelo al techo. Uno de nosotros tenía que pedir la candelita acercándose a uno de los otros, preguntándole: *¿Una candelita?* Como respuesta el niño o la niña a quien le hubieran pedido señalaba a otro niño diciendo: *Por allá fumea...*

Mientras el que pedía la candelita se dirigía adonde le hubieran indicado, los demás trataban de cambiar de esquina. Pero, si quien pedía la candelita lograba tocar a alguno de ellos, a ese le tocaba ser quien pidiera *¿Una candelita?*

Aproximadamente a las siete de la tarde los niños se dispersaban. A algunos los venían a buscar sus padres y regresaban a casa caminando con ellos, pero la mayoría volvían por sí solos. Algunos venían muy bien vestidos, otros vestían ropas hechas de sacos de harina blanqueados. Unos iban a escuelas privadas, otros a la escuela pública, mientras que algunos nunca habían tenido la oportunidad de ir a la escuela. Sin embargo, durante ese rato cada tarde en el amplio portal, aquellas diferencias injustas habían dejado de separarnos.

Las manos que se estrechaban en nuestras rondas eran pálidas, morenas u oscuras. Muchos en la ciudad hubieran negado nuestra igualdad, pero en aquellas tardes dichosas, nosotros nos sabíamos hermanos, hermanas.

Capítulo 5

Días de circo

Estaba muy orgullosa de mis trenzas

¡EL CIRCO! ¡EL circo! ¡Ha venido el circo! gritaba mientras corría por los jardines. Quería que todos lo supieran: los pájaros, los setos de mirto, las lagartijas… hasta las hormigas y los grillos. Una vez más había llegado el circo. Equilibristas que nos dejaban sin respiración mientras caminaban por la cuerda floja, malabaristas que creaban un arcoíris con las pelotas que sostenían en el aire, payasos que nos hacían llorar de tanto reír y la niña contorsionista…

El circo instalaba su carpa en la Plaza de La Habana, que a pesar de su nombre no era plaza, sino un terreno baldío. Tampoco estaba en La Habana, la capital de Cuba, sino en mi propia ciudad de Camagüey, al otro lado de la calle General Gómez, frente a la Quinta Simoni, la vieja casona en la que nací y en la que entonces vivía con mis padres.

La Plaza de La Habana no se usaba para mucho. Allí pacían aburridamente los caballos y mulos de algunos de los carreteros de la cercanía. Y, en los días de viento, allí empinábamos nuestros barriletes los chicos del barrio.

En algunas ocasiones, usualmente en época de elecciones, los candidatos subían a tarimas improvisadas desde las que pronunciaban agitados discursos llenos de promesas: pavimentar calles…, ensanchar la Carretera Central…, abrir nuevas escuelas…, poner más camas en los hospitales… Estas promesas, lamentablemente, rara vez se cumplían.

Una vez al año, sin embargo, la Plaza de La Habana se transformaba por completo cuando llegaba el circo. Además de la carpa grande para las funciones, instalaban una "estrella giratoria", el tiovivo que llamábamos "los caballitos" y las sillas voladoras, en las que no me dejaban montar porque una vez se había desprendido una.

Y, además, los puestos de comida… Los vendedores de "fritas" instalaban sus carritos que llenaban el aire con el olor tentador a carne adobada y manteca caliente. Los vendedores de helados ofrecían una deliciosa variedad de sabores: de coco blanco y cremoso, de piña, que dejaba frescor en la boca y el de mamey, que la teñía de rojo. Y había kioscos que vendían malta y "piñita" Pijuán, nuestro refresco embotellado favorito.

Durante esos días, la Plaza de La Habana dejaba de ser una llanura polvorienta de malas hierbas y se volvía tierra de milagros y maravillas.

Antes de instalar el circo, el dueño, un hombre alto de poblado bigote, hablaba con mi padre. Como en la plaza no había agua pedía permiso para tomarla de una llave que había en el antiguo camino de los carruajes, camino que llamábamos "los framboyanes" por la hilera de viejos árboles de encendido follaje.

Mi padre siempre accedía y más tarde, el dueño enviaba a alguien del circo, que igual podía ser payaso que trapecista, a traernos un rollo de boletos rosados, para darnos las gracias.

Los días de circo solo podían compararse a las Navidades.

Me despertaba sola, antes que nadie, para salir al encuentro de las sorpresas del día. Pero, por temprano que me levantara, la magia ya había empezado.

En nuestro portal, con el cuerpo convertido en un arco en el que cabeza y pie casi se tocaban, estaba la hija del dueño, la niña contorsionista, practicando su acto. Tan pronto me veía aparecer en la puerta, boquiabierta, hacía unas cuantas cabriolas, recorría el portal sobre las manos mucho más velozmente de lo que podía hacerlo sobre los pies, y completaba su rutina. Al final me hacía un saludo, el mismo que en la pista le ganaba el aplauso de los espectadores, antes de cruzar la calle saltando, sin tocar apenas el suelo, y desaparecer entre las carpas y kioscos.

Por largo rato me quedaba en el portal, sin moverme, pensando en lo hermoso que sería ser parte del circo, viajar de ciudad en ciudad, oyendo los aplausos de los espectadores, quedándome levantada hasta tarde cada noche y luego yéndome a dormir con la música alegre de los kioscos. Y sobre todo, la idea de montar cada día en los caballitos era casi tan inimaginable como ir de paseo en los camellos de los Reyes Magos.

Acabábamos de almorzar. Mientras todos dormían la siesta, yo estaba sentada en el portal leyendo *Mujercitas* por tercera vez cuando la niña contorsionista vino a llenar un balde de agua. Mientras esperaba que se llenara el balde, me habló por primera vez:

—¿Qué estás leyendo? —me preguntó.

Le enseñé la cubierta del libro.

—¿Es bonito?

No puedo creer que, siendo mayor que yo, no haya leído nunca *Mujercitas*. Pero no puedo pensar mucho en ello, porque sigue haciéndome preguntas. Quiere saber si voy a la escuela, en qué grado estoy, qué aprendemos.

No sé muy bien qué le contesto. Trato de explicarle mis sueños. De cuánto me gustaría vivir en el circo. Ahora es ella quien me mira sorprendida, como si hubiera dicho la cosa más extraordinaria del mundo.

—¿Ser parte del circo? ¿Pasársela viajando siempre? ¿Sin saber si tendremos bastante público o no…? ¿Siempre cansados, siempre trabajando?

Se queda entonces mirando fijamente la pared blanca, como si quisiera poder atravesarla y recorrer con la mirada el interior de la casa. Y sigue hablando, más consigo misma que conmigo.

—Todos los años, cuando pasamos por aquí y veo esta casona, con el portal tan grande y tan fresco, el jardín con jazmines y con tantas flores que no conozco, me pregunto cómo sería vivir en esta casa, ir a la escuela, tener amigos que vengan de visita, dormir todos los días en una cama de verdad, en la *misma* cama de verdad…

La sorpresa, como pelota de ping-pong que no puede quedarse a un lado de la mesa, ha regresado a mí. Y soy yo quien la mira sin comprender como mi vida puede parecerle más deseable que la suya.

Entonces, ella añade:

—Por eso me gusta venir a practicar cada mañana. Para

imaginarme que estoy en mi casa, que acabo de levantarme y de tomar el desayuno en el comedor, que estoy en mi propio portal...

El cubo se ha llenado mientras conversamos. Y la voz de uno de los hombres del circo se oye llamando desde el otro lado de la calle:

—¡Zenaida...! ¡Zenaida...! ¡ZENAIDA!

Ella levanta el cubo como si no pesara nada. Y se aleja sin decir adiós, con sus pasos ligeros, de bailarina. El agua salpica fuera del cubo, dejando un rastro de gotas en el polvo a la entrada de los framboyanes, en el cemento de la acera, en el asfalto acerado de la calle que separa nuestros dos mundos.

Bajo las palmas reales

Ilustraciones de Edel Rodríguez

Agradecida:

A Quica,
que construye puentes con rayos de sol.

A Jon Lanman,
que transforma los sueños en libros.

A Rosalma,
por tu apoyo constante
y por ser quien eres.

Prefacio

A los 10 años

Con mi uniforme del Instituto de Segunda Enseñanza. Cada franja representa un año.

A los 15 años

Mi niñez transcurrió en Camagüey mi ciudad natal, en la zona oriental de Cuba, una de las muchas islas del archipiélago antillano. Las cuatro islas mayores del Caribe, las Antillas Mayores, son Cuba, la Española (que es la isla que comparten Haití y la República Dominicana), Jamaica y Puerto Rico. Entre ellas, Cuba, larga y angosta, es la más grande. Algunos piensan que semeja un caimán dormido sobre el mar. Cuba se encuentra muy cerca del extremo sur de la Península de la Florida. Por su ubicación a la entrada del Golfo de México, se la llama "la Llave del Golfo". Y en su escudo aparece una llave dorada. Debido a su belleza, su tierra fértil y su clima incomparable, nunca demasiado húmedo ni demasiado agobiante, se la llama también "la Perla de las Antillas".

Durante mi infancia, Camagüey era un lugar tranquilo. Muchas de sus calles eran estrechas y retorcidas, y en su mayoría estaban adoquinadas. Cada vez que llovía, los grises adoquines mojados se volvían resbalosos y traicioneros para los caballos que tiraban de los carros de los lecheros, los panaderos y los carboneros. Me daba mucha pena cuando un caballo resbalaba y se caía sobre los adoquines. Era doloroso verlos luchar para conseguir volverse a poner de pie.

Muy pocas personas tenían autos, que llamábamos máquinas. La mayoría utilizaba el transporte público: guaguas o autobuses, atiborrados de pasajeros, o lentos y ruidosos tranvías. Caminábamos muchísimo, para ir a la escuela o al trabajo, para ir de compras o de visita por las tardes, visitas inesperadas, no anunciadas, pero siempre bien recibidas.

Casi todas las casas tenían techos de tejas, con canales para recoger el agua de lluvia. En el centro de la ciudad, las casonas coloniales eran espaciosas, generalmente construidas alrededor de un patio interior, con amplias puertas y altas ventanas, protegidas del techo al suelo con balaustres de madera torneada.

Era un lugar de grandes contrastes. Contrastes en la conducta de la gente, sus creencias y sus prácticas. Aunque la mayoría hubiera descrito a la Cuba de entonces como un país católico, en realidad había muy distintas creencias. Las personas de ascendencia africana, cuyos antepasados fueron esclavizados, con frecuencia practicaban sus propias creencias bajo un manto de imágenes y símbolos católicos. Algunas personas se habían convertido al protestantismo, siguiendo las prédicas de misioneros estadounidenses: episcopales, bautistas y metodistas. Siempre ha habido hebreos en los países hispánicos, y después de la Segunda Guerra Mundial muchos más llegaron a Cuba huyendo de los horrores del nazismo. A muchos chinos se los sedujo para ir a Cuba con la falsa promesa de darles tierras. Después de muchos años de trabajo esclavizante en los campos, su tenacidad y perseverancia les habían permitido a muchos mudarse a las ciudades donde eran dueños de tiendas y restaurantes, de trenes de lavado de ropa y de huertas, donde cultivaban verduras. Aunque algunos de ellos se convirtieron al cristianismo, muchos retuvieron sus creencias ancestrales. Y luego estaban los libre pensadores, quizá los menos numerosos, que creían que la espiritualidad no necesita de ritos y reglas.

Había un círculo pequeño, pero económicamente muy poderoso, de terratenientes y ganaderos, o de profesionales, que seguían costumbres europeas y se consideraban más refinados que el pueblo. Oían música clásica, visitaban las exposiciones de arte y suspiraban por el teatro y el ballet. Hablaban con voces cultivadas que demostraban su refinamiento.

Y luego estaba el pueblo, mucho más numeroso; los trabajadores, en su mayoría, fuertes, ruidosos, bulliciosos, rebosantes de vida y energía, y cuya educación era muy distinta de la impartida por la escuela: una educación recibida en la casa, de tradiciones y creencias enraizadas.

El contraste mayor para mí, sin embargo, no estaba en las diferencias de educación y creencias. El contraste mayor, el más significativo, era que algunos tenían mucho y otros muy poco. Mientras para algunos la vida era fácil y la hermosa isla casi un paraíso, para otros era muy difícil la mera subsistencia. Y muchos, especialmente los niños pequeños, no lograban sobrevivir.

Aun cuando yo era solo una niña, estos contrastes me confundían y me preocupaban. Cuba era una república muy joven (ganó la independencia de España en 1898 y de Estados Unidos en 1902, menos de cuarenta años antes de que yo naciera) por eso oí muchos relatos sobre la lucha por la independencia, los sueños que habían inspirado la lucha y los héroes que habían abierto el camino. Pero cuando miraba a mi alrededor, para descubrir si los ideales estaban vivos, me entristecía al descubrir que, en general, no lo estaban. En el campo, las majestuosas palmas reales, símbolos de la independencia cubana, se alzaban sobre las copas de los árboles que las rodeaban. Pero debajo de esas palmas vi demasiada pobreza y demasiado dolor, y comprendí que los sueños de justicia e igualdad estaban muy distantes.

Mi familia no era rica, pero como había varios adultos que compartían la misma casa y todos eran muy trabajadores, no sufríamos ninguna de las carencias de quienes tenían tan poco. Sin embargo, para mí esto era un motivo de preocupación y angustia. Aunque aprendí muy temprano que la verdadera riqueza no consiste en bienes materiales, mi corazón se entristecía por los que sufrían tanto para lograr sobrevivir.

Nací en una vieja casona, la Quinta Simoni, una casa construida por una familia italiana durante los tiempos de la Colonia. Una de las hijas de la familia Simoni, Amalia, que había nacido en la quinta, se casó con el joven abogado Ignacio Agramonte. Unos años después, Agramonte escribió la Constitución de la República en Armas y luchó contra el ejército español, para liberar a Cuba de la dominación española. Me conmovía saber que la casa que yo amaba, que era mi mundo, había sido el lugar donde Ignacio y Amalia se conocieron, se enamoraron, y donde vivieron brevemente después de su matrimonio. Ignacio murió luchando y los españoles regaron sus cenizas porque no querían que su tumba se convirtiera en un santuario. Para mí, el jardín en que había caminado con Amalia, el portal donde habían intercambiado dulces palabras de amor y sus sueños de independencia, eran de hecho un altar a sus ideales.

Mi abuelita querida, a quien yo llamaba Mi paraíso, me hablaba de estos ideales de libertad e igualdad todas las noches, durante los pocos años que pudimos compartir. Después de su muerte, la casona se convirtió para nosotros en un santuario a su memoria. Tanto en este libro, como en *Allá donde florecen los framboyanes*, he compartido sentimientos y recuerdos de mi infancia, así como algunas de las historia familiares. Compartir estas memorias es mi modo de mantenerlas vivas y seguir comprendiendo la vida. Este libro se llama *Bajo las palmas reales*, porque la palma real, alta y majestuosa, que se alza sobre los árboles que la rodean, es el símbolo de Cuba independiente.

Espero que mis relatos sean para ti, lector, lectora, una invitación a descubrir muchas historias de tu propia vida, y su profundo significado.

Capítulo 1

Murciélagos

Dos fotos de
abuelita Lola

Abuelita
Lola y
abuelito
Medardo

La Quinta Simoni

La vida en la Quinta Simoni empezaba al amanecer. El delicado aroma de los jazmines y gardenias que inundaba la noche, entrando en mi cuarto por la ventana del jardín, desaparecía opacado por el olor agrio, aunque amistoso, del café recién colado.

Antes de que me hubiera despertado del todo, mi abuela me levantaba en brazos y me llevaba a ver ordeñar las vacas. Su cuello olía a talco fresco y su vestido, siempre blanco, a lavanda y tomillo.

Cuando regresábamos a la casa, todos trajinaban afanosos, preparándose a partir: mi padre, a enseñar en el Instituto; mi tío Manolo, a la estación de radio, donde era locutor; mi tío Medardo, a su oficina; mi tía Lolita, a sus clases; y mi abuela, a dirigir su escuela.

Muy pronto, en la casona quedábamos solo mi madre y yo. Mientras ella trabajaba en sus enormes libracos de contador, yo me pasaba horas jugando a solas, bajo los árboles.

Por las tardes, a eso de las cuatro, me bañaba y me vestía de limpio. Entonces podía quitarme las botas ortopédicas que odiaba, con sus plantillas de hierro para mis pies planos, y me ponía los zapaticos blancos con correíta y hebilla. Y mientras mi madre ataba en un lazo las bandas de la cintura de mi vestido, me sentía como mariposa, que todos los días tenía que regresar a su capullo y cada tarde se escapaba de él.

Enseguida me iba a recoger maravillas. Las florecillas silvestres, rojas, anaranjadas, blancas, moradas o pintadas, abrían solo al atardecer. Era como si, igual que yo, tuvieran dos vidas: una arrugada y enrollada en sí misma durante el calor del día; otra abierta y esplendorosa al caer el sol. Crecían abundantemente en un terreno baldío como a cuadra y media de la Quinta. Y yo iba en su búsqueda, caminando orgullosa por la acera, mirándome los zapatos y dispuesta a recoger tantas como pudiera.

A mi regreso, abuelita me esperaba en el portal, sentada en su balance, siempre dispuesta a celebrar la belleza de mi sencilla ofrenda. Luego, nos íbamos, en puntas de pie, como quien se aproxima a un altar, a colocar las flores sobre el piano, un ritual que a ambas nos deleitaba. Hacíamos guirnaldas para colocárselas al busto de José Martí, el patriota y héroe cubano de nuestra independencia, y a una muñeca vestida con traje maya que alguien le había traído a mi abuela de Guatemala. Abuelita sonreía y decía: "Para Martí y su niña de Guatemala". Yo también sonreía, porque el poema que Martí le había escrito a una joven guatemalteca, aunque muy triste, era uno de mis favoritos. Y me encantaba que mi abuela hubiera decidido unir, sobre el piano, al poeta y a la niña que murió amándolo.

Una vez terminado el ritual, regresábamos, cogidas de la mano, al portal de enormes arcos. Ella se sentaba en su balance, yo, en el quicio, a sus pies, y la escuchaba cantar los versos de

Martí, con música compuesta por ella misma:

> *Quiero, a la sombra de un ala,*
> *contar este cuento en flor:*
> *la niña de Guatemala,*
> *la que se murió de amor.*

> *[…] Ella dio al desmemoriado*
> *una almohadilla de olor:*
> *él volvió, volvió casado:*
> *ella se murió de amor.*

> *[…] Se entró de tarde en el río,*
> *la sacó muerta el doctor.*
> *Dicen que murió de frío:*
> *yo sé que murió de amor.*

El sol muriente cubría de oro el cielo de la tarde y mi abuela comenzaba una nueva canción, con versos de Martí:

> *Cultivo una rosa blanca,*
> *en julio como en enero,*
> *para el amigo sincero*
> *que me da su mano franca.*
> *Y para el cruel, que me arranca*
> *el corazón con que vivo,*
> *cardo ni ortiga cultivo:*
> *cultivo la rosa blanca.*

Y la noche nos envolvía, sin que nos diéramos cuenta, como ocurre en el trópico. Entonces empezaban a aparecer los primeros murciélagos. Vivían en el portal, entre el cielo raso y el techo. De día no se los veía ni se los oía. Pero al caer la noche empezaban a oírse sus chirridos, como una orquesta afinando sus instrumentos antes del concierto, y el techo del portal cobraba vida.

A veces, un pequeñín se caía por una rendija, quizá empujado por un adulto inconsciente o a causa de su propio descuido. Aun si todavía no podía volar, el murcielaguito abría por instinto las alas membranosas y descendía planeando, y así llegaba vivo al suelo, aunque quizá algo atontado. En algunas ocasiones, un murciélago adulto venía enseguida a rescatarlo. Entonces, el pequeñín se agarraba del pecho del adulto y regresaba a casa sano y salvo. Pero en otras ocasiones, si ningún murciélago adulto venía al rescate, teníamos que decidir qué hacer: usar una enorme escalera para regresarlo al nido o ponerlo en una caja de zapatos vacía y alimentarlo con el biberón de mi muñeca. Afortunadamente, esto solo ocurría de cuando en cuando.

La mayor parte de las noches, mi abuela y yo pretendíamos contar los murciélagos a medida que salían del nido a alimentarse de las frutas de nuestros patios: dulces mangos, sabrosas guayabas y suaves y delicados nísperos. Sabíamos de más que era imposible llevar una cuenta exacta, porque en unos minutos su número pasaría de ser unos pocos, volando en círculo sobre nuestras cabezas, a varias docenas, que iban y venían en un revolotear continuo, de modo que era imposible saber cuáles acababan de dejar el nido. Tratábamos de contarlos una y otra vez, hasta que al final nos echábamos a reír, de los murciélagos, de nosotras mismas, de nuestro juego, de la deliciosa tibieza de la noche, fragante con el aroma de jazmines y gardenias. Mis tías y mi madre sonreían sacudiendo la cabeza: "Miren a esas dos, contando murciélagos otra vez...".

La quieta serenidad de esos atardeceres y el tierno amor que nos teníamos mi abuela y yo me ha nutrido a través de la vida. Y en las muchas ocasiones en que he sentido que una vez más estoy tratando de contar murciélagos, afanada en tareas utópicas, me he permitido reír, agradecida de recordar que algunas de las mejores cosas de la vida son como contar murciélagos. Lo importante no era la cuenta final sino la alegría de verlos volar.

Capítulo 2

Barro

Jugando junto al árbol de carolinas

EN LOS MESES de verano, los aguaceros llegaban sin anunciarse, descargando torrentes de agua sobre las copas de los árboles, los tejados y la tierra. Esas lluvias de verano nos encantaban a mi madre y a mí. Apenas caían las primeras gotas, corríamos a ponernos las trusas, los trajes de baño, para salir a jugar. Era fabuloso sentir las fuertes gotas sobre la espalda desnuda, sacudir la cabeza y sentir el pelo largo mojado y pesado por el agua de lluvia, y quitarme las sandalias de goma y dejar que el fango se deslizara entre los dedos de mis pies.

Pero aunque me encantaba el fango del patio, prefería el barro, rojo y espeso, que recogía al otro lado del río para hacer tacitas y platicos. Amasaba el barro hasta convertirlo en una pelota que luego aplastaba entre las palmas de las manos hasta que tomaba la forma de un plato circular. Para hacer un plato hondo, presionaba en el centro con el pulgar. Hacía tazas, presionando la bola de barro contra la palma de la mano para aplanar la base. Luego, con el dedo índice formaba con cuidado una cavidad en el centro. El asa era un cilindro delgado de barro, que yo doblaba hasta darle la forma adecuada.

Casi siempre dejaba que mis vajillas de barro se secaran al sol. Pero en algunas ocasiones, los alfareros que trabajaban al otro lado del río me dejaban poner mi propia tabla, con mis vajillas creadas con tanto cuidado, dentro del horno. Muchos de los platos, tazas y ollas no resistían el fuerte calor del horno y se quemaban, pero algunos sobrevivían, y el rojo barro se volvía negro, fuerte y duradero.

El barro no era solo un juguete de niños, sino que cumplía muchos propósitos útiles. Camagüey es renombrado por sus tinajones, enormes tinajas de barro. En tiempos coloniales, cuando todavía no se había construido un acueducto, cada patio tenía uno o más tinajones. En la temporada de lluvia el agua descendía por los techos de tejas a las canales, y de allí bajaba a los tinajones, donde se almacenaba para los meses de sequía. En ninguna otra parte de Cuba existía un barro tan excelente, ni alfareros capaces de crear tinajones de tal tamaño. En la época de mi niñez, ya no quedaban alfareros que supieran hacer tinajones de ese tamaño en sus tornos, pero el barro, rojo y espeso, seguía abundando.

Los pocos alfareros que todavía trabajaban en tornos, haciendo girar con sus pies descalzos la rueda de madera que le hacía tomar forma a la arcilla mojada, fabricaban solo tinajones de adorno. Estos tinajoncitos los compraban como recuerdo los pocos turistas que visitaban de cuando en cuando Camagüey, pero eran sobre todo regalos nostálgicos para los camagüeyanos que se mudaban a la capital, La Habana, y querían decorar sus nuevos apartamentos o casas con un recuerdo de su tierra natal.

Había tinajoncitos de adorno de distintos tamaños y estilos. Algunos eran solo de barro cocido, otros estaban vidriados, y algunos tenían pintados paisajes del campo cubano: una palma solitaria o un bohío de techo de guano.

De niños, llevábamos a la escuela tinajas de barro, redondas y pesadas, con un asa pequeña arriba y una abertura por la cual beber. Aunque en algunas zonas de España esa misma vasija de barro se llama botijo, nosotros lo llamábamos porrón, quizá para rimar con tinajón. El tiempo a veces trae rápidos cambios. El porrón fue algo que vi desaparecer durante mi propia niñez. Mi hermana Flor es solo siete años menor que yo, pero nunca llevó porrón a la escuela. Bebía en cambio del bebedero de la escuela.

Mucho de lo que aprendí en la escuela primaria se me ha olvidado. Sin embargo, ¡qué bien recuerdo las lecciones que aprendí del barro! Amasar el barro es una labor tediosa. Pero solo si se lo amasa bien puede modelarse. Nada podía acelerar el proceso. Si bien el agua podía ayudar en algo, era importante usar la cantidad adecuada. Demasiada agua haría que el barro se volviera resbaloso y fuera imposible darle forma. Trabajar con barro me enseñó a tener paciencia.

Como los alfareros únicamente me dejaban poner cosas en su horno muy de vez en cuando, mis tacitas y platicos tenían que secarse casi siempre al sol. Quedaban muy frágiles y por ello eran aún más preciados. Modelar arcilla me enseñó a valorar lo que puedo crear.

Ahora de adulta amo la cerámica. Cada vez que veo una vasija de barro, pienso en las mujeres que a través de los años han moldeado arcilla en sus manos, para llevar agua, para almacenar alimento, para cocinar y alimentar a sus familias. Me encanta imaginarme a la primera persona que descubrió que era posible amasar el barro, y a las muchas otras que, en distintas partes del mundo, repitieron una y otra vez el mismo descubrimiento.

Para mí la vida es una serie de milagros, y la presencia de este material esencial y generoso, siempre listo para convertirse en algo útil o bello, es uno de esos milagros.

¡Qué fresca y grata el agua del porrón, agua pura con trazas de sabor de barro! Agua que, mientras yo dormía, se había ido filtrando, gota a gota, en el filtro de piedra de la cocina. Agua con la que mi madre había llenado amorosamente el porrón en la mañana. Agua amiga esperando a nuestro lado, siempre lista junto a nuestros pupitres, en el calor tropical.

Capítulo 3

Exploradores

Mamá y tía Mireya, de niñas, junto al río Tínima. Al fondo, mi abuela.

Con mi tío Mario, tía Lolita y un primo de mi padre que vino de visita desde La Habana, en los terrenos de la Quinta Simoni

LA VIDA EN la Quinta Simoni ofrecía constantes invitaciones a la aventura. Una mañana me encontré con mis primos Jorge y Virginita junto al árbol caído. Era un álamo enorme, al que posiblemente habían arrancado de raíz los vientos huracanados de un ciclón. El árbol se había negado a morir, y aunque caído, había echado nuevas ramas. Estas ramas, cubiertas de hojas acorazonadas, se proyectaban hacia arriba como lanzas que apuntaran al cielo. Era un excelente lugar para jugar. Unas veces era nuestro barco pirata y en él recorríamos el Caribe mientras el viento hinchaba nuestras velas verdes. Otras veces era un castillo y desde sus almenas defendíamos nuestra fortaleza de los invasores. O quizá era un carromato cruzando las praderas, o un trineo atravesando las estepas rusas perseguido por una manada de lobos. En este día, el árbol caído era nuestro campamento en medio de la selva y desde él partiríamos a explorar.

Jorge nos explicó cómo movernos silenciosamente, arrastrándonos entre los arbustos, para evadir a las fieras y a los guerreros que nos seguían. No debíamos hablar ni mirar atrás. Si nos distraíamos o si regresábamos, nos comerían las fieras o nos capturarían los cazadores de cabezas.

Virginita y yo lo escuchábamos fascinadas. No solo le llevaba dos años a su hermana y cuatro a mí, sino que él era quien leía las historias de aventuras que luego revivíamos. Confiábamos plenamente en sus palabras y lo seguíamos sin titubear.

Dejamos atrás el árbol caído y el gallinero, donde las gallinas se daban baños de polvo y comían las rojas frutillas del árbol de ateje. Nos escurrimos bajo la sombra de los framboyanes y sobre la brillante alfombra de pétalos rojos, hasta que llegamos al río.

No encontramos ni fieras ni cazadores de cabezas por el camino. Al contrario, nuestra llegada motivó que varias ranas y una jicotea que se asoleaban en las rocas se tiraran al agua.

Cruzamos el río sin dificultad y nos escabullimos detrás del tejar. El viejo alfarero y sus dos hijos, exiliados de la Guerra Civil española, no nos prestaron ninguna atención. Trabajaban descalzos. Sus pantalones blancos, hechos de sacos de harina, estaban manchados de rojo por el barro. Sus espaldas curtidas por el sol brillaban de sudor. Estaban tratando de destrabar la enorme rueda de hierro de la pisa, el hueco redondo donde se rompía y ablandaba el barro. El pobre penco, el caballejo flaco que hacía que la rueda girase y girase, esperaba pacientemente, posiblemente feliz de tener un breve descanso bajo el sol.

Más allá del tejar comenzaba el marabuzal. Dicen que el arbusto de marabú lo llevó a Cuba una condesa a quien le gustaban sus flores, que parecen rosadas motas de polvo. Pero el arbusto no quiso quedarse encerrado en un jardín y se fue extendiendo por los campos cubanos.

Una vez que el marabú se apodera de un campo, es muy

difícil arrebatárselo. Las raíces se entretejen bajo la tierra y forman una red casi imposible de sacar. Hay que arar el campo para voltear la tierra y luego rastrillarla, asegurándose de remover cualquier trozo de raíz. De lo contrario, cualquier trocito que quede retoñará de nuevo.

Un campo lleno de marabú, un marabuzal, es impenetrable, a menos que se abra un trillo con un machete. Las ramas espinosas forman una barrera que solo se despeja un poquito junto al suelo.

Y fue a este nivel, arrastrándonos por el suelo, que empezamos a cruzar el marabuzal. Jorge nos enseñó que sería muy fácil si gateábamos entre los troncos delgados. Y de hecho era bastante fácil al principio. Pero muy pronto lo perdimos de vista. Como no era posible ponerse de pie, ni dar la vuelta, no nos detuvimos. Virginita y yo continuamos, tratando de seguir la ruta indicada por nuestro jefe explorador, que para entonces ya había desaparecido de nuestra vista.

En el campo, la gente usaba el marabú para hacer carbón. En esa época en Cuba, muy pocas personas tenían cocinas eléctricas o de gas. Se cocinaba con madera. O si se tenían los medios, con carbón. Y el carbón de marabú era el mejor. La madera del marabú es muy dura, así que arde por largo tiempo sin consumirse.

Para hacer carbón de marabú, los carboneros cortaban los troncos o las ramas más gruesas y les quitaban las hojas y espinas. Luego, con los troncos y ramas, creaban un horno, una estructura cónica que se asemejaba a un tipi indígena. Cubrían el horno con tierra, dejándole solo un orificio pequeño arriba, en el centro, para que saliera el humo. Y una abertura junto al suelo por donde encendían el fuego. El marabú, cubierto de tierra para que no formara llamas, ardía lentamente hasta convertirse en carbón. El horno ardía por varios días, y los carboneros lo cuidaban día y noche para que no fuera a arder demasiado rápido, pues la madera se consumiría del todo.

Algunas veces, si el horno estaba "tirando fuerte", es decir, quemándose demasiado rápido, los carboneros tenían que abrirlo y echarle dentro madera verde o más tierra. No era extraño que los carboneros tuvieran horribles cicatrices, que demostraban lo peligroso que era su trabajo.

A medida que nos internábamos en el campo de marabú, los árboles parecían acercarse y las ramas estaban más entrelazadas. Las espinas nos desgarraban la ropa y nos tiraban del pelo. Pero no había nada que pudiéramos hacer. Recordando la orden de Jorge de no volver atrás y desesperadas por escapar de la selva de marabú, nos esforzábamos por seguir adelante, esperando encontrar a nuestro jefe en algún recoveco de aquel horrible laberinto.

Los carboneros vendían el carbón por las calles. Los más afortunados tenían una plancha, un carretón de madera, con cuatro ruedas y una plataforma sin barandas, sobre el cual llevaban los sacos de carbón. Los más pobres caminaban por las calles, con un saco de carbón medio lleno sobre los hombros, vendiendo un puñado de carbón para cocinar la comida del día a quienes no podían comprar un saco entero. Se ponían un tosco saco de henequén sobre la cabeza para protegerse la espalda de la carga burda y pesada.

Por horas, Virginita y yo nos arrastramos por el marabuzal, tratando de evitar las espinosas ramas secas desparramadas por el suelo, dejando un rastro de hilachas de nuestra ropa y mechones de nuestro cabello.

En casa, todos estaban alarmados. ¡Las niñas no aparecían! Jorge, que había regresado hacía mucho, se distraía con otros pasatiempos. Nadie tenía idea de dónde estábamos.

Mis padres fueron al río. Hablaron con los alfareros. Pero a nadie se le ocurrió que nos hubiéramos metido en el marabuzal. Jorge, para evitarse un regaño, solo dijo que nos había dejado jugando al otro lado del río.

Bien entrada la tarde, con las ropas desgarradas y las caras cubiertas de lágrimas fangosas, por fin salimos al otro lado del marabuzal. Inmediatamente nos vimos rodeadas de un grupo de chiquillos, semidesnudos y tan sucios como lo estábamos nosotras, que nos invitaron a jugar al escondite. Pero agotadas como estábamos, no podíamos pensar en jugar y lo que hicimos fue echarnos a llorar.

Al oír nuestro llanto, los padres de los niños salieron a las puertas de sus bohíos.

—Pobrecitas —dijo con cariño una de las mujeres—. Se han perdido. —Me tomó en brazos y le pidió a Virginita que la siguiera.

En una vieja batea de latón, nos lavó la cara y las manos, cubiertas de arañazos. Luego abrió una lata de manteca, que usaba como alacena, y sacó de ella dos galletas de marinero. Cubrió las galletas con una áspera capa de azúcar prieta, el engaño con que la gente pobre le hacía creer a su cuerpo que habían comido cuando no tenían nada más sustancioso. Y nos entregó, a cada una de las dos, una de las gruesas y duras galletas.

—Coman, niñitas, coman —nos dijo, animándonos—. No se preocupen. Las llevaremos a su casa.

Desde la puerta, los niños nos miraban con grandes ojos abiertos, tratando de imaginar qué habíamos hecho para merecer tan inesperada merienda generosa.

Capítulo 4

Alas rotas

Dos fotos de
Medardito

Tío Medardito y su esposa, Geraldina

Tía Mireya, Mamá,
abuelita Lola, tío
Medardito, tía Lolita
y tía Virginia

Frente a la Quinta Simoni: la carroza
fúnebre lista para llevar a Medardito al
cementerio

Mı MADRE TENÍA tres hermanas y un único hermano, Medardo. Las cuatro hermanas eran tan emprendedoras, atléticas y decididas, en unos tiempos en que no era tan común que las mujeres fueran de este estilo, que quizá Medardo sentía la necesidad de superar su ejemplo. O quizá fue porque había nacido con un cuerpo muy alto y fuerte, que Medardo llegó a destacarse en los deportes y en todo tipo de actividad física que pusiera a prueba su habilidad y fortaleza. En una época en que el cine y las tiras cómicas enaltecían a estos héroes, mi tío Medardo nos parecía una mezcla de Tarzán y Supermán.

Varias veces, durante las inundaciones que producían los ciclones, se había enfrentado con las corrientes del río Tínima para salvar a alguien de las aguas pantanosas. Era el deleite de la chiquillería del barrio, porque los llevaba en su enorme bicicleta niquelada, seis o siete a la vez: uno en el manubrio, uno o dos en la barra delantera, dos o tres en la parrilla detrás de su asiento y, lo más audaz, un chico sobre los hombros. Pedaleaba a toda velocidad, como si no tuviera que balancear esta torre humana, y los muchachos exclamaban con deleite y pedían que siguiera.

En otras ocasiones, los pasajeros de la guagua se quedaban atónitos y aterrados al pasar por el puente sobre el Tínima y verlo caminando peligrosamente por el parapeto del alto puente, como un acróbata de circo.

A Medardo le encantaban las aventuras y quería explorar toda nueva frontera. Pero en Camagüey, ¡eran tan pocas las novedades! A los veinticuatro años decidió aprender a pilotear un avión. Quería volar. Convenció a un amigo para que lo acompañase y cada uno se compró una avioneta; un avioncito primitivo de dos pasajeros, con un solo motor y una armadura precaria de madera liviana y tela.

Medardo estaba casado con Geraldina, una hermosa joven de pelo castaño que, todos decían, se parecía a Deanna Durbin, una estrella de Hollywood famosa en aquellos días. Vivían con todos nosotros en la vieja casona de la Quinta Simoni. Y acababan de tener a su primer bebé, mi prima Nancy.

Ni Geraldina, ni mi madre, ni mi tía más joven, Lolita, querían que Medardo volase. Mi padre trató de señalarle muchas veces los riesgos que entrañaba volar, y hacía todos los esfuerzos posibles para distraerlo cuando Medardo llegaba cada día de su trabajo, para conseguir que no se fuera a volar. Pero nada podía apartar a mi tío de la emoción que sentía mientras volaba, primero detrás del instructor, y al poco tiempo, por sí mismo, elevándose sobre los tejados rojos y los callejones retorcidos que tanto habían restringido su mundo; planeando como las poderosas auras, los buitres cubanos, sobre los campos en los que se alzaban majestuosas las palmas.

Generalmente, en los días de semana, a la hora en que Medardo terminaba el trabajo, ya era muy tarde para ir a volar. Pero los fines de semana no perdía ninguna oportunidad.

Así que, mientras él vivía esperando los fines de semana, el resto de la familia temía los sábados y los domingos. En secreto, sin admitirlo ante nadie, yo también ansiaba que llegara el fin de semana. Para mí, lo que mi tío hacía era maravilloso. Sentía orgullo y alegría de que se enfrentara contra todo, incluida la fuerza de la gravedad que nos ata a la tierra.

Yo nunca había subido a un avión, y pasarían muchos años antes de que volara por primera vez. Lo más cercano a la experiencia de volar que conocía era cuando mi padre me empujaba muy fuerte en el columpio que había atado a una alta rama en un árbol del patio. O cuando, en noches claras, mi padre ponía una manta en la azotea y nos acostábamos a observar las estrellas, hasta que parecía que nosotros también flotábamos en la galaxia. ¡Ah, pero volar de verdad! Me era muy fácil entender por qué Medardo no quería abandonar su sueño.

Mi madre, debatiéndose entre el miedo y el orgullo, había accedido a bordarle el traje de aviador con un par de alas y su monograma, MLS, Medardo Lafuente Salvador. El día había amanecido nublado y oscuro, como si se aproximara una tormenta, y mi madre y mis tías suspiraban aliviadas, pensando que, por lo menos ese día, Medardo no volaría.

Pero en la tarde el tiempo aclaró y Medardo decidió ir a buscar sus alas.

Mi madre, ocupada en la máquina de coser, seguía discutiendo con él. Necesitaba tener paciencia, le decía, para poderle terminar el complicado bordado en la espalda del traje de aviador. Pero hasta yo podía darme cuenta de que todo era un pretexto para que se quedara en casa. Medardo por fin se impuso y la obligó a darle el traje bordado a medias.

—Lo que quiero es volar —le dijo—. Ya me acabarás el bordado otro día, durante la semana.

Un instante después saltaba a una guagua para hacer el largo recorrido hasta el aeropuerto, que estaba al otro extremo de la ciudad.

Yo jugué por un rato, hasta que mi madre me recordó que era hora de ducharme, como todas las tardes. Luego podría salir y sentarme en el portal, o recoger flores para hacer guirnaldas, o esperar a que los niños del barrio aparecieran por el portal a jugar.

Pero esa tarde no habría juegos. Llevaba solo unos minutos en el baño, toda cubierta de jabón y con el pelo hecho una pirámide de espuma, cuando oí un ruido desconocido. Era como un trueno, pero de voces y pies humanos.

Me subí a la tapa del inodoro para mirar por la ventana del baño. Había cientos de personas corriendo por la calle frente a nuestra casa, en dirección al río. Todos gritaban al mismo tiempo, así que no lograba oír lo que decían. Pero no esperé. Sin enjuagarme ni secarme, me puse el mismo vestido que acababa de quitarme y salí corriendo descalza.

En lugar de ir hacia la calle (me asustaba la multitud), corrí en la misma dirección que ellos, pero por detrás de la casa. Atravesé el patio, crucé los framboyanes y corrí por el jardín que mi bisabuela tanto quería.

Pero entonces ya sabía hacia dónde iban todos y por qué. Corrían en la misma dirección que el avión. Un avión que se hacía más y más grande a medida que se acercaba a la tierra, con un ruido que no era el ronroneo continuo de un motor en funcionamiento, sino las toses y los escupitajos de un motor incapaz de sostener un avión en el aire.

Cuando el avión pasó sobre mi cabeza, pude ver los grandes números y las letras pintadas en las alas. ¡NO era el avión de mi tío! Sin embargo, seguí corriendo con la misma energía, pisoteando los rosales que mi tío abuelo Manuel cultivaba para vender las rosas por las calles de la ciudad, desgarrándome el vestido con las espinas.

Y fui la primera en llegar al avión después del impacto ensordecedor. Me seguía muy de cerca mi padre, que enseguida me tomó en sus brazos y me apartó, pero no antes de que mis ojos se llenaran de la imagen terrible que todavía recuerdo.

Mi padre supo inmediatamente que no había nada que pudiera hacerse por mi tío, cuyo rostro se había incrustado en el panel de controles. Su instinto era protegerme, proteger a mi madre, que estaba ya allí llorando desgarradoramente (¡qué terrible pueden ser el dolor, la angustia, el horror!) y a mi tía Lolita, que estaba embarazada y parecía a punto de desmayarse.

Había muchas manos para ayudar a sacar el cuerpo sin vida del avión. A mi tía Geraldina, hasta esa tarde la esposa de mi tío y ahora su viuda, la ayudaron a sentarse en un auto que pasaba y a sostener en sus piernas la cabeza querida, ahora irreconocible.

¡Qué interminable y oscura aquella tarde insoportable! La casa era un hervidero de gente. A algunos los conocíamos, muchos venían con la buena intención de traernos algún consuelo, pero la mayoría eran simplemente curiosos.

Para muchos en Camagüey éramos una familia poco común. Vivíamos en una vieja casona que, se decía, estaba embrujada, y nos tenían por excéntricos. Mi abuelo Medardo había sido amado y admirado por sus discípulos y respetado en los círculos intelectuales. Pero para la gente común, era un caballero extraño que hablaba como si estuviera recitando poesía y que tenía siempre un libro en la mano. Y contaban bromas sobre él. Decían que una vez lo habían visto tan imbuido en un libro mientras caminaba por la acera que, al tropezar con una farola, se había quitado el sombrero y había dicho: "Usted, disculpe", mientras seguía leyendo.

Una familia excéntrica, sin duda. Mi abuela Lola había sido la primera mujer en la ciudad que se había cortado el pelo, en una melena a lo paje. Algo inaudito para una señora mayor, con hijos y además directora de escuela. Y mi madre y mis tías no se habían limitado a cortarse el pelo, también se habían acortado las faldas y dejado sus piernas al descubierto, sin medias. Además montaban a caballo al pelo, sin montura, y manejaban autos y camiones.

Sí, sin lugar a dudas, éramos distintos. Ni siquiera éramos católicos, en un pueblo donde casi todos lo eran. Y tampoco era porque fuéramos judíos o protestantes. Mis abuelos habían elegido vivir en libertad de pensamiento y espíritu.

Y ahora, para completarlo todo, mi tío se había atrevido a volar en una de esas máquinas voladoras y... ¡se había estrellado!

Nadie nos tenía enemistad. Se nos conocía como una familia bondadosa y generosa. Y aun cuando toda la ayuda se hacía en silencio, mucha gente sabía que podía contar con nosotros.

Pero ahora, se les había despertado la curiosidad. Y allí estaba el pueblo entero, para ver, para examinar, para explorar, para indagar, para juzgar... Personas que no conocíamos en lo absoluto se sentían con derecho a entrar a la casa. Ningún espacio les resultaba sagrado, no se respetaba privacidad alguna. Este accidente y el dolor que había desgarrado las fibras de nuestra existencia, se convirtió para ellos en un espectáculo, como un circo.

Mi madre y mis tías lloraban, sollozaban, gritaban, dejaban que su dolor llenase la casa, de la que toda alegría había desaparecido en un instante.

Cinco años antes, mi abuelo Medardo había muerto. Una muerte dolorosa pero aceptada con serenidad, con su esposa y sus hijos rodeando su cama. En su propio cuarto les había dicho adiós con la misma gentileza con la que había vivido. Había pedido tres cucharadas de agua, diciendo: "Para mí, ya es hora".

Dos años más tarde, mi querida abuelita Lola lo había seguido, yéndose para siempre apaciblemente en su sueño. En ambos casos, grandes multitudes habían venido al velorio. Habían esperado frente a la casa para unirse al entierro detrás de la carroza tirada por caballos negros con grandes penachos de pluma, y la habían seguido a pie hasta el camposanto.

En ambas ocasiones previas, la multitud había sido como las aguas del río cuando subía la corriente poco a poco después de las lluvias de verano. Pero ahora, la multitud turbulenta era como el río incontrolable después de un huracán, arrastrándolo todo a su paso.

Mi padre y mi tío Manolo, esposo de mi tía Lolita, estaban anonadados. Acababan de perder a su mejor amigo. Se sentían deshechos por el sentido de culpa, por no haber sabido cómo prevenir un desastre que todos habían temido. Centraron toda su atención en sus esposas. Mi padre se preocupaba además por mi hermanita Flor, que todavía lactaba, asustado de que a mi madre se le secara la leche. En una época en que la leche de fórmula para bebés no era común, se consideraba desastroso que a una madre se le secara la leche. Mi tío Manolo se preocupaba por su esposa, mi tía Lolita, que estaba embarazada. Y ninguno de los dos sabía qué hacer con Geraldina, la joven viuda, que alternaba entre crisis del mayor dolor y momentos en que se ponía rígida y pálida como si a ella también la hubiera abandonado la vida.

Por toda la casa la gente trataba de explicar el accidente en los términos más fantasiosos. La verdad, que supe más tarde, es que debido a que mi tío Medardo se había demorado mucho en el autobús, su amigo había decidido adelantarse y volar solo. Pero cuando trató de arrancar su avión se encontró con que no arrancaba. Convencido de que mi tío no volaría esa tarde, se llevó su avión. Cuando Medardo llegó al aeropuerto, su avión no estaba. Creyendo que era una broma, decidió coger el avión de su amigo. Esta vez el avión arrancó muy bien, pero una vez en el aire empezó a fallar.

¿Por qué eligió la rosaleda al lado de nuestra casa para su aterrizaje de emergencia? Algunos decían que se estaba luciendo, que quería impresionar a su esposa. Lo más probable es que estuviera tratando de no caer sobre el pueblo y librarlo así de una desgracia mayor. Conocía bien el campo. Y, sí, es posible que en momentos de gran desesperación, quizá uno trata de acercarse a su casa.

Para mí, todas esas especulaciones eran inútiles y dolorosas. ¿Qué importaban las causas? Lo inimaginable había ocurrido. Y mi dolor se veía aumentado por mi propio secreto intolerable. Todavía podía oír a mi madre y a mis tías repetir una y otra vez, entre sus llantos y sollozos: "No queríamos que fuera... Hicimos todo lo posible por disuadirlo... Tratamos de que dejara de volar...". Pero solo yo sabía que yo no quería que dejara de volar. Esa misma tarde me había regocijado en secreto cuando lo vi tan decidido, pasando por encima de la opinión de todos para irse a volar en su avión.

No había consuelo posible. Me sentía culpable, como si yo hubiera sido quien lo hubiera enviado a la muerte. Por supuesto, nunca pensé que volar era tan peligroso como todos parecían pensar. Pero ¿por qué no lo había visto? ¿Cómo pude haber querido que volara cuando iba a causar tanto dolor?

Lo que hice entonces es algo que he mantenido en secreto por muchos años. Lo cuento ahora porque compartir las penas ocultas, los pensamientos que a veces creemos que son vergonzosos, es un modo de sanar las heridas. Estoy contándolo a pesar del dolor que me causa, porque al oír las historias unos de otros, a menudo empezamos a comprendernos mejor y a sentirnos menos solos.

Confundida por mis sentimientos de culpa, corrí a mi

cuarto, un cuarto ahora invadido por extraños, y cogí a Heidi, mi muñeca querida.

Esta muñeca era mi amiga más fiel. Dormía conmigo, me acompañaba, oía todos mis pensamientos y mis sueños. La llevaba conmigo siempre, compartiendo con ella cada momento, como lo hacen las mejores amigas.

Corrí con la muñeca en brazos al fondo de la casa. Conocía bien el banco de carpintero de mi padre y no fue difícil encontrar un martillo. En el patio grande, agachada detrás del brocal del aljibe, el sótano en que se recogía el agua de la lluvia durante la época colonial, coloqué a Heidi sobre el piso de losetas y le destrocé la cabeza con el martillo, rompiendo la frente que había besado tantas veces, igual que el panel de controles había roto el cráneo de mi tío.

Escondí los trozos de la muñeca entre los arbustos, y cubrí su cuerpecito de lágrimas y pétalos. Luego me senté junto a una de las columnas del patio y lloré hasta quedarme dormida.

No sé quién me recogió esa noche, ni cuándo ni cómo me llevaron a la ciudad. Al día siguiente me encontré en la casa de mi abuelo Modesto, vagando sin rumbo por el traspatio.

Me había olvidado de todo lo sucedido el día anterior, pero necesitaba ir a mi casa. Y no me fue difícil persuadir a mi tío Mario, a quien habían dejado encargado de cuidarme, de que me llevara.

Pero llegar a la casa fue una pesadilla. Todas las guaguas estaban repletas de personas que iban todas en una misma dirección. Nuestro pueblo adormecido donde nunca pasaba nada, se había sacudido con lo que parecía ser el evento más sorprendente desde la Guerra de Independencia. Cuando por fin llegamos, la casa estaba tan llena que solo pude entrar gateando entre las piernas de la gente. Todo el horror del día anterior se había magnificado.

Me detuve frente a la puerta del cuarto donde yacía el cuerpo de mi tío. Allí estaban mis dos primos mayores, Jorge y Virginita. Acababan de llegar de La Habana con su madre, Virginia, la mayor de mis tías. Mi tía Virginia se había unido a sus hermanas, al lado del cadáver, mientras que a mis dos primos no los habían dejado entrar al cuarto donde nuestras madres lloraban desconsoladamente.

Los así firmemente de la mano, temblando de dolor y de miedo, y sudando por los esfuerzos para abrirme paso entre tanta gente para llegar a mi propia casa. Los llevé en silencio y ellos me siguieron, con la solidaridad de nuestro cariño y de nuestro mutuo dolor. Una vez afuera, saqué mi muñeca querida de debajo de las hojas y pétalos con las que la había cubierto la noche anterior. Me senté en el suelo a mecer a la muñeca una última vez. Virginita me rodeó los hombros con su brazo y Jorge encontró una pala con la cual cavar una pequeña fosa. Aceptaron la muñeca rota como habían aceptado la muerte de nuestro tío, sin una pregunta.

Envolvimos el cuerpecito en una funda de almohada. Virginita cubrió el fondo de la fosa con flores y Jorge colocó adentro la muñeca. Virginita y yo recogimos jazmines, claveles y alguna rosa de los canteros del patio. Jorge siguió llenando la tumba con tierra hasta que ya no hubo más señal de Heidi, ahora para siempre perdida, reducida a memoria, como nuestro tío.

La suavidad de ella y la fuerza de él, la pequeñez de ella y la altura de él, la silenciosa aceptación con que ella recibía mis besos y la risa contagiosa mientras él me levantaba en el aire, la quieta compañía de ella y el ánimo juguetón de él, todo había desaparecido. Nunca más tendría a Heidi en mi regazo, mientras leía un libro bajo los framboyanes, ni viajaría a caballo, en los hombros de mi tío, tan alto que podía arrancar las flores de los gajos frondosos. Y aun todavía hoy, qué vivos en mi memoria ambos, mi dulce muñeca sacrificada por una niña adolorida y mi valiente tío, invitándome cada mañana a la aventura desconocida de un nuevo día.

Capítulo 5

Navidades para todos

Con mi violín, en la Joyería El Sol, la joyería de mis padres

Mi hermana Flor y yo con nuestros uniformes escolares

Mi hermanita Flor

Hᴀsᴛᴀ ǫᴜᴇ ᴄᴜᴍᴘʟí ocho años, mi madre trabajaba como contadora para varios negocios pequeños. Visitaba cada tienda, recogía los libros de contabilidad y los sobres voluminosos llenos de recibos, y los traía a casa. Allí se pasaba muchas horas del día copiando minuciosamente cifras en los libracos, con sus números parejos y precisos, y sumando largas columnas de números. Luego devolvía los gruesos libros y sobres, y recogía los del próximo cliente.

Mi madre vivía muy orgullosa de su profesión. Había terminado sus estudios después de nacer yo, yendo a clases por la noche. Se sentía orgullosa de ser una de las primeras mujeres con el título de contador público en Cuba.

Después del nacimiento de mi hermana Flor, mi madre decidió que quería tener su propio negocio. Alquiló un garaje de una tienda de reparación de máquinas de escribir en la calle Avellaneda y abrió una quincalla. Allí vendía botones y encaje, tijeras e hilo, agujas y estambre, así como papel, lápices, borradores y plumas. Los compradores tenían sus horas preferidas. Las mujeres pasaban en la mañana, camino al mercado. Los estudiantes a media tarde, al salir de la escuela. Algunas mujeres jóvenes pasaban al atardecer, camino de sus clases nocturnas. No importaba quién entrase, mi madre siempre tenía una palabra de sabiduría o de ánimo para ellos, o una broma con la que hacerlos reír. Me sospecho que a veces los clientes entraban a la tiendecita más en busca de las palabras de mi madre que de las pequeñeces que compraban. Especialmente las muchachas que compraban una libreta o un lápiz, pero también le pedían a mi madre que les revisara la tarea o les explicara un problema de matemáticas difícil.

En las horas tranquilas del mediodía, mi madre seguía haciendo su trabajo de contadora, apoyada en el mostrador, mientras esperaba que apareciera algún cliente, una mujer que curiosearía en los encajes, una sirvienta apresurada que necesitaba una cremallera o un niño que quería comprar un pomo de goma para hacer un papalote.

Mi hermanita Flor pasaba el tiempo en una gran caja de cartón que hacía de corralito y yo terminaba las tareas de la escuela sentada en el piso de ladrillos, agradecida de su frescor en el calor de la tarde.

Un día mi madre sorprendió a todos en la casa: a mi padre, a su hermana menor, Lolita, y al esposo de Lolita, Manolo, a quien yo llamaba tío Tony para diferenciarlo del hermano de mi padre, que también se llamaba Manolo.

Había habido muchas conversaciones sobre lo difícil que resultaba que las dos parejas jóvenes que quedaban pudieran mantener la Quinta Simoni. En unos pocos años habían muerto mis dos abuelos y mi tío Medardo. Mis dos tías mayores, Virginia y Mireya, se habían ido a trabajar a La Habana. Y era costoso mantener una casona tan grande. Pero mi madre tuvo una idea que fue toda una sorpresa. Sugirió que las dos parejas podían comprar una vieja joyería que estaba a la venta en el centro de la ciudad.

No tomó mucho el convencer a los demás. Era una oportunidad de tener un negocio y vivir en el mismo lugar. Eso ayudaría a aliviar la situación económica. Además, me sospecho que la vetusta Quinta Simoni les recordaba demasiado cuánto extrañaban a los que ya no vivían con nosotros.

Así que poco después nos mudamos a la calle República 465, a la casa detrás de la joyería El Sol, a unas cuadras de la pequeña quincalla, que había sido la primera aventura comercial de mi madre.

Para mí era una época muy difícil. Yo amaba la Quinta Simoni, donde había nacido. Amaba sus grandes cuartos de altos techos y la azotea, donde mi padre y yo podíamos echarnos a observar el cielo mientras él me contaba historias de las constelaciones. Me encantaban las palomas y los curieles, los conejillos de indias, que criaba mi tía Lolita. Y amaba sobre todo a mis amigos, los framboyanes, de raíces retorcidas en las que me sentaba como en el regazo de un abuelo.

Comprendo que quizá la casona entristecía a los adultos, después de la muerte de mi abuelo Medardo, mi abuelita Lola y mi tío Medardito. Pero para mí, ellos vivían. Sentía su presencia en los corredores, en el portal, en el patio. Y durante los cuatro años que viví en la ciudad, suspiraba por volver a vivir entre los árboles.

Los únicos buenos momentos en la ciudad, para mí al menos, eran las fiestas de San Juan en junio, el carnaval camagüeyano, y por supuesto las Navidades.

Tan pronto compraron la vieja joyería El Sol, mi familia empezó a hacerle cambios. Mi padre, siempre listo a aprender algo nuevo, aprendió a arreglar relojes. Mi madre, amante de innovaciones, hizo que remodelaran el frente de la tienda con grandes vidrieras. También empezó a vender mercancía mucho más variada.

Las joyas y los relojes de bolsillo quedaron relegados a algunos mostradores especiales. Los otros estaban llenos de objetos de porcelana y cristal. Durante las primeras Navidades, mi madre trajo juguetes y figuras de nacimiento.

En Cuba había la tradición, común a España e Hispanoamérica, de poner un nacimiento en la casa durante el mes de diciembre. Era una tradición que compartían pobres y ricos por igual, aunque la elaboración del nacimiento variara mucho de casa en casa. Más que el nivel socioeconómico de la familia, lo que determinaba la riqueza y complejidad del nacimiento era el deseo de la familia de hacer un esfuerzo, de dedicarle espacio al nacimiento y de ser creativos.

Las montañas que servían de fondo podían hacerse con cajas de cartón cubiertas con papel de estraza. La arena del desierto había sido recogida en un viaje a la playa. Los campos verdes se conseguían poniendo a retoñar trigo o maíz en laticas o frascos. Un trozo de espejo roto servía para crear un lago. Las figuras del nacimiento, los pastores y sus ovejas, los Tres Reyes Magos, María, José y Jesús, un burro y una vaca, que era lo que poníamos en mi casa, generalmente se compraban en una tienda.

Mi madre importaba algunas figuras de España. Eran muy

hermosas, hechas de cerámica y colocadas en fondos tallados en corcho que reproducían con todo detalle los ambientes. Nos encantaba desempaquetarlas, quitando con cuidado las capas y capas de paja para descubrir los detalles de una cocina con una mujer junto al fuego, una madre amamantando a su bebé, una joven hilando lana. Cada una era una pieza única, hecha a mano, pero estas figuras eran muy caras y muy pocas personas podían comprarlas.

Mi madre se dedicó a buscar otras fuentes. En La Habana descubrió a un artista italiano que producía hermosas figuras de cerámica. Todavía recuerdo su nombre, Quirico Benigni, porque fue la primera persona italiana que conocí. Sus figuras eran hermosas, pero como las producía con moldes, no individualmente, eran más asequibles de precio.

Aun así, muchas de las personas que entraban a la tienda y miraban las figuritas, sonreían pero las devolvían a los estantes al ver su precio. Y algunas personas ni siquiera se atrevían a entrar a la tienda, solo miraban desde la calle a través de las vidrieras.

Entonces mi padre decidió entrar en acción. Aunque no éramos católicos, él entendía la satisfacción que la gente sentía creando los nacimientos. Lo consideraba un proyecto creativo, en el cual podían participar todos los miembros de la familia, desde los niños hasta los ancianos. Y decidió que nosotros también podíamos tener un proyecto familiar, un proyecto que hiciera que todos pudieran tener acceso a las figuritas de nacimiento.

Primero, consiguió que mi tía Lolita pusiera su talento artístico en favor del proyecto y que modelara en arcilla las principales figuras: María, José, el Niño, los Tres Reyes Magos, el burro y la vaca. Estas figuras servirían de modelo. Luego, construyó una serie de cajas de madera, con bisagras, un poco más grandes que las figuras que iban a servir de modelo. Llenó la mitad de cada caja con yeso. Antes de que el yeso fraguase del todo, colocó en cada caja uno de los modelos de arcilla, bien cubierto de grasa, acostado y sumergido en el yeso exactamente hasta la mitad.

Una vez que el yeso fraguaba, mi padre removía el modelo de arcilla, que había dejado su impresión en el yeso. Luego repetía el proceso con el otro lado de la caja, sumergiendo la otra mitad del modelo.

Por medio de este procedimiento tan simple, creó una serie de moldes. Ahora podíamos engrasar el interior de las dos partes de cada molde, cerrar las cajas y asegurarlas y echar yeso líquido a través de un hoyo en la parte inferior de la caja, justo donde correspondería la base de la figura.

Mi padre hizo muchas pruebas hasta que logró determinar cuánto tiempo necesitaba el yeso para fraguar en los moldes. Y entonces pudo iniciar la producción. Varias veces al día abría sus moldes y sacaba las figuritas blancas, que colocaba sobre la tapia del patio para que se secaran.

Y cada noche, después que las pequeñas, mi hermanita Flor y mi primita Mireyita, se habían dormido, la familia se reunía a trabajar en las figuras.

Mi obligación era raspar con un cuchillo el exceso de yeso que se formaba alrededor de las figuras, allí donde los bordes de las dos mitades se unían. Mi madre les daba entonces una primera mano de pintura que tornaba en azul el manto de María, en rojo y verde los mantos de Melchor y Baltasar, y en color café la pelliza del pastor.

Para finalizarlas, mi tía Lolita les pintaba los rostros con pinceles finos. Al final, todo el yeso quedaba cubierto de color y las figuritas se volvían personajes reconocibles.

Mi tío Manolo, tío Tony, preparaba el yeso, limpiaba los moldes, y más que nada nos entretenía a todos con sus cuentos y chistes inagotables.

Al día siguiente, algunas manos humildes cambiaban con gusto algunos centavos por una de las figuritas, que habíamos colocado en una mesa junto a la puerta de la tienda. Y se la llevaban para enriquecer su nacimiento.

Los centavos apenas cubrían el valor de los materiales, y muchísimo menos el tiempo de mis padres y mi tía. Y, la verdad sea dicha, las figuras no eran ni muy artísticas, ni demasiado bonitas. Pero las veíamos irse con la esperanza de que les trajeran a otros la misma alegría que habíamos compartido nosotros mientras trabajábamos juntos hasta entrada la noche, creyendo que esta era la esencia de la Navidad: una celebración en la cual todos pueden participar y encontrar un modo de expresar su amor por los demás.

Capítulo 6

Gilda

Posando para el fotógrafo en mi quinto cumpleaños

Gilda

Teatro Principal de Camagüey, donde bailó Gilda

LA ESCUELA SE me volvió agradable por primera vez al comienzo del cuarto grado, gracias a mi maestra, Gladys Carnero. Gentil, cariñosa e interesante, su entusiasmo por enseñar nos hacía a todos querer aprender.

Cuando a la mitad del curso se mudó a La Habana, me sentí perdida. Luego me enfermé. Primero, era un resfriado detrás de otro; luego, el sarampión; por último, paperas. Mis extraordinarios padres se dieron cuenta de que algo de fondo pasaba. El Colegio Episcopal al que había estado asistiendo se me hacía intolerable si Gladys Carnero ya no estaba. Así que mis padres decidieron enviarme a otro colegio.

Aunque este cambio hubiera sido una gran cosa al principio del año escolar, esta transferencia a mitad de curso se convirtió en otro tipo de pesadilla. Llegaba como una alumna nueva a mitad de curso a una clase donde todos los niños se conocían desde primer grado. Para hacerlo más difícil para mí, en esta nueva escuela, el Colegio El Porvenir, los alumnos se sentaban según su rendimiento en clase. Los que tenían las mejores notas se sentaban adelante; los que tenían las peores notas se sentaban atrás. Como yo no tenía notas de ningún tipo, me sentaron al final.

En la última fila estaba rodeada más que nada por chicos, que eran en general los más altos en la clase. Yo, que era un año menor que todos ellos, era la más bajita. Además, nadie había descubierto todavía que necesitaba anteojos. No veía nada en la pizarra.

Y lo peor de todo es que las dos escuelas anteriores eran escuelas estadounidenses. Aunque estaban en Cuba, los directores, muchos de los maestros y el sistema de enseñar venían de Estados Unidos. Allí enseñaban las matemáticas, en particular la división, en forma muy distinta a la de las escuelas cubanas. Así que aunque lograba llegar a la respuesta adecuada, no sabía explicar cómo lo había hecho. ¡Qué perdida estaba!

Esos primeros meses en el Colegio El Porvenir no fueron fáciles. No podía encontrar ninguna razón para estar allí. La maestra escribía una oración en la pizarra y teníamos que analizarla, identificando el sujeto y el predicado, los complementos directo e indirecto. Teníamos que decir cuál era el tiempo verbal: pretérito perfecto, pretérito anterior, pluscuamperfecto. Yo me preguntaba: "¿De qué sirve todo esto? ¿Cómo es posible que todo el mundo lo entienda menos yo?".

Trataba de esconderme detrás de los estudiantes que se sentaban delante de mí. Pero mi estratagema solo parecía servir para que la maestra me hiciera preguntas aún más difíciles. "Indicativo", "subjuntivo" e "imperativo" me sonaban igualmente horribles. Yo amaba palabras como "céfiro" y "cenit", "néctar" y "ambrosía", "amistad" y "lealtad". Pero las palabras "preposición", "conjunción" y "subordinada" me sonaban casi tan feo como "sulfuro" y "odio".

Como mis padres habían sido tan comprensivos, no quería decirles cuán infeliz me sentía. Hubo una sola cosa que me permitió sobrevivir en esa escuela horrible con su patio de cemento sin un solo árbol, una escuela sin canciones, sin dibujos, sin cuentos y sin amigos.

Un mediodía camino a la escuela, en una calle por la que me había desviado un par de cuadras para retrasar mi llegada a la clase, una inesperada ráfaga de música me saludó, una música que se escapaba por la parte superior de una alta ventana de balaustres de madera.

En puntas de pie, agarrada de los balaustres, me asomé a la vieja casa colonial desde donde se derramaba un vals hacia la calle.

Adentro, un gran espejo reflejaba a una docena de niñitas, vestidas con leotardos rosados y zapatillas negras, que practicaban en la barra. Al piano, una señora mayor tocaba un vals inacabable. Al frente de la clase estaba, muy derecha, sujetando un bastón alto, una joven rubia tan pálida que su piel era casi transparente. Tenía unos ojos increíbles, ojos que lo miraban todo: a las niñas, a la señora del piano y a toda la habitación, incluido el rincón del fondo donde un grupo de damas elegantes se mecían en balances de caoba, refrescándose con sus adormilados abanicos de seda.

A partir de aquel día, la escuela se me fue haciendo soportable, pero solo porque en cuanto sonaba la anhelada campana, yo corría a colgarme de la ventana de la escuela de ballet, imaginándome en zapatillas, cambiando posiciones: segunda, tercera, cuarta, haciendo jeté o plié.

Una tarde, la pálida maestra desapareció de mi vista, y antes de que me diera cuenta de lo que estaba ocurriendo, estaba en la acera, a mi lado.

—¿Quieres aprender ballet? ¿Cómo te llamas?

Su voz era tan suave como su mirada.

—Ven —me dijo—. Pasa.

Una vez que supo quién era, llamó a mi madre y le ofreció aceptarme en su clase. Mi vida cambió por completo, no solo después de la escuela, sino en la propia escuela también. Ya nunca más me molestaron las preposiciones ni las conjunciones, ni el no poder recordar cuánto es siete por ocho. Ni me importaba ya sentarme en el fondo de la clase, aunque poco a poco, sin darme cuenta cómo, terminé en las filas intermedias e incluso en la primera fila.

Vivía solo para el momento en que sonara la campana y yo pudiera correr a las clases de ballet. Y no es porque lo hiciera muy bien allí. La maestra me puso al final de la fila y allí me quedé mientras duraron las clases. A pesar de mi amor por la música y la belleza de los movimientos, era como si tuviera tres pies o como si el lado izquierdo y el lado derecho de mis pies hubieran cambiado de lugar. Pero, a pesar de mis pobres esfuerzos, tan faltos de gracia, ¡qué maravilloso estar allí!

No importaba cuántos errores cometiera, Gilda, la maestra, nunca me criticó ni me ridiculizó. Aunque a veces la vi impaciente, era solo cuando alguien que tenía la capacidad de hacerlo mejor no estaba prestando atención. Conmigo tuvo siempre la misma ternura que demostraba con las más chiquitinas, mirándome con una mirada dulcemente cómplice, como para decirme: "Tú sabes que yo sé que no puedes bailar, pero como anhelas estar aquí, te recibo con gusto".

Una tarde, cuando la música se quedó silente, pegada a las paredes, y cuando la última aprendiz de bailarina atravesó el dintel con sus zapatillas colgadas del hombro, Gilda me invitó a quedarme. Y así comenzó una hermosa amistad que ambas atesoramos.

Desde esa tarde, cada día, al final de clase, nos íbamos a la saleta, el lugar más fresco de la casa. La saleta se abría al patio, donde los tinajones rebosaban de agua fresca y la fragancia de los jazmines dulcificaba el aire. Gilda me mostraba sus álbumes, donde, protegidos por papel de seda, reposaban las fotos, los programas, los artículos de periódico en ruso, en francés, en italiano, que cobraban vida a medida que sus ojos se encendían hablando de ellos. Había estudiado en Viena, en Munich, en Ámsterdam, en París y en Roma.

Estos nombres evocaban mundos que yo apenas podía imaginar desde la insignificante ciudad de Camagüey. Pero si bien me fascinaban las historias de los ballets y las fiestas, de los triunfos y los viajes, mucho más me fascinaba Gilda, la energía que se concentraba en ese cuerpo tan frágil y delicado. Y sentía como si hubiera por fin conocido a una de las diosas o las musas de las que siempre hablaba mi abuela.

Al final de curso tuvimos un recital en el Teatro Principal, un impresionante edificio colonial, que había quedado reducido a sala de cine la mayor parte del tiempo, pero que tenía un verdadero escenario. Gilda me invitó a visitar el teatro con ella antes de la función. Era la primera vez que estaba detrás de bastidores en un verdadero teatro. Mientras me contaba historias de todos los teatros en los que había bailado, mi vista vagaba por las altas tramoyas. ¡Qué mundo fascinante detrás de los telones!

Verla bailar en escena fue toda una revelación. Al final de la sencilla presentación de sus alumnas, el maestro de ceremonias anunció un número que no aparecía en el programa impreso. Gilda interpretaría el *Pájaro de Fuego*, de Stravinsky. Yo la había conocido siempre dulce y melancólica, llena de sueños, romántica. Ahora, transformada por la música que llenaba el escenario, la Gilda que conocía desapareció reencarnada en fuerza apasionada, en determinación vibrante. Pero el hermoso baile quedó trunco, porque como flor que se quiebra por una ráfaga súbita, Gilda se desmayó en el escenario.

Alguien llamó una ambulancia y yo la vi por última vez, un pájaro herido, el brillante vestido de lamé amarillo como una llama mortecina sobre la camilla blanca.

Luego empezaron los rumores. Que tenía cáncer, la enfermedad horrible que nadie se atrevía a mencionar en voz alta. Como había llegado el verano, no tenía que ir a la escuela, pero recorrí muchas veces el camino tan bien conocido, para detenerme frente a la casona colonial, ahora siempre cerrada y muda.

Cuando no deambulaba por las calles, me quedaba en la joyería, la tienda que mis padres habían comprado cuando nos mudamos a la ciudad. Allí oía las conversaciones entre los clientes y las dependientas. Y allí oí que Gilda se había casado. Pero todos los comentarios que hacían sobre la boda estaban llenos de sarcasmo. "¡Casarse con Míster Charles, que le debe llevar cuarenta años!". "¡Qué vergüenza!". "¡Qué absurdo!". Y estos ataques verbales iban acompañados de expresiones y gestos de disgusto.

En nuestro pueblo nunca había mucho de qué hablar, así que las novedades se discutían una y otra vez. Cada vez que alguien volvía a hacer un comentario sobre la boda de Gilda, me iba a la casa que estaba detrás de la tienda. Se me hacía muy difícil reconciliar su matrimonio con el profesor de francés, un hombre mayor que la visitaba de vez en cuando y a quien ella trataba como a un padre, con la nostalgia romántica con la que me hablaba de los ballets en los que había bailado. Por otra parte, no estaba dispuesta a aceptar que alguien tuviera el derecho a criticar lo que no comprendía. Y en lo más profundo, me sentía abandonada.

Deseaba ver a Gilda, pero no sabía cómo lograrlo.

Muy pronto, todos sabían que estaba de nuevo muy enferma, que se moría, que solo viviría unos días más. Una mañana oí a mi madre decirle a una amiga que no sabía cómo darme las malas noticias. Me pasé todo el día escondida bajo el árbol de guanábana, para que nadie tratara de decirme lo que ya sabía.

Esa tarde mis padres salieron. Yo me tiré sobre la cama, fingiendo que leía un libro, sin poder llorar por algo que me parecía tan distante e irreal, pero también incapaz de sentir, de pensar.

Coralia, que había sido la vieja niñera de mi madre y todavía nos ayudaba en la casa, vino a decirme que me buscaba un caballero. A los diez años de edad, no acostumbraba a recibir caballeros. Pero en ese día extraño, un 2 de mayo, todo era posible. Tímido, inseguro de cómo dirigirse a mí, con la cabeza canosa caída sobre el pecho, Míster Charles sostenía el sombrero en las manos.

—¿Eres Almita Flor? ¿Me conoces? Nos hemos visto en su casa, ¿verdad?

Aquellas palabras, "su casa", tan llenas de amor en su voz, tan llenas de ternura en mi memoria, me impedían contestar nada. Así que asentí con la cabeza.

—Me pidió que te trajera esto —me dijo. Comprendí que le era tan imposible pronunciar el nombre amado, como a mí decir algo. Y sacó de detrás del sombrero una fotografía. Gilda vestida de pájaro de fuego. Y me la ofreció.

—No quería que la vieras cuando estaba tan enferma —me explicó pacientemente—. Quería que la recordaras como la conociste...

Y luego se inclinó y me abrazó. Y abrazados, lloramos juntos, el anciano y la niña, por el vuelo roto del pájaro gentil, que ambos habíamos amado, en forma tan distinta y a la vez tan profunda.

Capítulo 7

Madame Marie

Las calles de Camagüey, en la actualidad

—ATRAERÁ CLIENTES —oí a mi madre decirle a mi padre—. Y no ocupará demasiado espacio. Pero, sobre todo, me gustaría ayudarla, ¡después de todo lo que ha pasado!

—Por supuesto —contestó mi padre—. Invítala a exhibir todo lo que tenga para vender. ¡Pobre mujer!

Al día siguiente, al regresar de la escuela, vi en la vieja joyería a la señora francesa. Me fue difícil imaginar que la persona de la cual habían estado hablando mis padres fuera esta mujer alta, de rostro tan hermoso y cabello flameante. Se movía con gracia y elegancia detrás de un mostrador lleno de manteles doblados.

Poco a poco, fui oyendo en casa su historia, reconstruyéndola como un rompecabezas, con una frase de aquí y un comentario de allá.

Madame Marie, como todos la llamaban, era francesa. Justo antes de que comenzara la Segunda Guerra Mundial había conocido a un joven camagüeyano que había ido a estudiar ingeniería a París. Se casaron muy poco después y cuando les nacieron dos niños, decidieron quedarse en Francia. Se mudaron al pueblo donde vivía la familia de ella. Le alquilaron una amplia casa a uno de los tíos de Marie. La casa estaba rodeada de huertos, y Marie sembró hortalizas y una variedad de flores.

Como estaban en el campo, el inicio de la guerra no los preocupó demasiado; pero cuando los nazis ocuparon Francia, se aterrorizaron. La hermosa Marie, de ojos verdes y cabellera de llamarada, era judía. Su padre había sido católico; pero su madre, Judith, era judía, y por lo tanto Marie también lo era. Y los nazis estaban persiguiendo a los judíos y enviándolos a campos de concentración.

Su marido concibió un plan. Les dijo a todos los vecinos y parientes que enviaría a su esposa y a sus hijos a Cuba hasta que terminara la guerra. Cargaron el auto de maletas y, después de despedirse de todo el mundo, se marcharon a pleno día a la ciudad cercana. Pero en verdad, Marie y los niños pasaron el día escondidos en el bosque. Esa noche, protegidos por la oscuridad, regresaron a la casa por los campos.

Su marido los escondió en un clóset y cubrió la puerta con un pesado armario. Allí se esconderían durante el día, en caso de que los nazis vinieran a inspeccionar la finca. Por la noche, Felipe movería el armario y podrían salir y caminar por la casa oscura.

Pero pasado algún tiempo, el tío de Marie, el dueño de la finca, le exigió a Felipe que alojara a otra familia en la casa. Aunque era el hermano del padre de Marie, nunca había querido a Judith, ni había aceptado nunca que su hermano se hubiera casado con una judía.

El tío estaba convencido de que los franceses debían colaborar con los nazis, para evitar que los nazis castigaran a los franceses. Felipe sabía que no podía confiarle su secreto ni a él ni a las personas que había traído para compartir la casa.

Luego, la situación empeoró. Con esta nueva familia en la casa, Felipe no podía abrir el clóset diariamente. Afortunadamente, el clóset estaba en su propio dormitorio, pero no podía mover el pesado armario sin hacer ruido. Así que solo se atrevía a moverlo cuando no había nadie en la casa, y no por mucho tiempo.

En algunas ocasiones, Marie y los dos chicos estuvieron en el clóset por días y hasta por semanas, atreviéndose solo a abrir la ventana que Felipe había hecho al fondo del armario, para pasarles comida y sacar los desperdicios.

Durante todo ese tiempo, Marie les enseñaba a sus hijos todo lo que podía. Les hablaba del campo y de todo lo que ella había aprendido de niña sobre sembrar y cosechar. Les contaba la historia de Francia y la historia del pueblo judío. Les cantaba muy quedo canciones de cuna, rimas y las canciones de amor que había aprendido en la radio, y les tarareaba la música que había bailado con su marido. Y cuando ya les había cantado todas aquellas canciones una y otra vez, inventaba otras nuevas: canciones de paz, de un mundo sin violencia, un mundo de niños libres y felices, donde la gente se ayudara y se amara.

Cuando los nazis fueron al fin vencidos y acabó la guerra, la terrible experiencia terminó también y Marie pudo mudarse a Cuba con su marido y sus hijos.

Todos los días, cuando yo llegaba de la escuela, Madame Marie me ponía gotitas de perfume detrás de la oreja y me apretaba el hombro, animándome a que practicara el violín. "*Ma petite, ma petite*, la música es una gran amiga", me decía con su voz acariciadora. No sé si llegó alguna vez a darse cuenta de que yo la miraba llena de admiración mientras ella, con una suave sonrisa en los labios cerrados, ponía en orden, una y otra vez, sus manteles, servilletas y pañuelitos bordados en un rincón de la tienda de mi madre.

Capítulo 8

El misterio de tío Manolo

Mi tía Isabel y mi tío Manolo

EL HERMANO MAYOR de mi padre, mi tío Manolo Ada Rey,
era como una sombra en los primeros años de mi infancia. Vivía en La Habana, adonde había ido a estudiar medicina. Allí
se había casado y había iniciado su práctica. Aunque íbamos a
La Habana dos veces al año, siempre nos quedábamos con la
hermana de mi madre, mi tía Lolita, y solo veíamos a mi tío
Manolo en una visita, que me parecía muy formal. A menudo,
cuando la gente hablaba de mi tío, la conversación parecía estar
llena de largos y difíciles silencios.

En contraste con las casas de todas las demás personas de
la familia, la casa de mi tío Manolo me parecía sombría. Estaba en La Habana Vieja, la parte antigua de la ciudad. Puerta
y ventanas estaban siempre cerradas para mantener alejados el
ruido y la polución de la calle. Como Manolo y su esposa no
tenían hijos, ni plantas, y la casa misma era vieja y húmeda,
el visitarlos no hubiera tenido ningún atractivo para mí, salvo
por el gran cariño que veía reflejado detrás de los espejuelos de mi tío y el incuestionable placer que mi padre sentía
al verlo.

No recuerdo haber tenido nunca durante esos años una
conversación con mi tío. Tan pronto como llegábamos de

visita, nos ponían a mi hermanita y a mí en manos de mi tía
y de su madre. Mi tía Isabel era enfermera, una mujer delgada
y nerviosa, que tan pronto nos veía exclamaba: "¡Pobrecito!
¡Pobrecita!", sugiriendo que habíamos tenido un viaje largo y
penoso. Luego sentaba a mi hermanita en sus piernas diciendo:
"¡Qué bonita, pobrecita!", como si ser bonita fuera algo por lo
que hubiera que sentirse triste.

Su madre era una campesina del norte de España. Una mujer gruesa y bondadosa, con una triste sonrisa y ojos llorosos,
que nos traía leche y galleticas, y más galleticas y más leche,
como si el alimentarnos fuera su único modo de expresar cariño.

A mí, ambas me intimidaban un poco. Y hubiera preferido
que me hicieran preguntas, como los demás adultos, en lugar
de seguir dándome leche y galleticas.

Entretanto, mi madre y mi padre conversaban con mi tío
de cosas que me parecían fascinantes. El tópico parecía ser
siempre la política y yo trataba de escuchar, aunque apenas podía oír las palabras entre los suspiros de mi tía y de su madre,
que exclamaban por centésima vez que las trenzas me habían
crecido muchísimo desde el año anterior.

No sé por qué pensaba que las conversaciones con mi tío
eran tan importantes. De hecho, parecían serlo para mi padre,
que siempre se iba animadísimo después de estas visitas. Y yo
siempre me preguntaba por qué pasábamos tanto tiempo con
la familia de mi madre y tan poco con la de mi padre.

Más sorprendente aún para mí era que mi madre y sus hermanas, al hablar de mi tío Manolo, tan serio, tan digno, con
sus espejuelos de marco de carey, lo hacían con el mismo tono

que usaba mi tía Isabel cuando nos llamaba a mi hermana y a mí "¡pobrecitas!".

—Nunca viajan a ninguna parte —comentaban mis tías, con la seguridad de quienes habían visitado la Florida y Nueva York.

—No van nunca a ningún sitio —añadían—. Todo lo que hacen es trabajar y quedarse en esa casa horrible.

Y luego alguien hacía el comentario que dejaba a todos en silencio, como si no hubiera nada más que añadir: "Y haber decidido ¡no tener hijos!".

En este punto, generalmente una de mis tías miraba en mi dirección. Siendo la niña mayor del grupo, quizá ya me empezaba a dar cuenta de ciertas cosas. Y, después de echarme una mirada significativa, callaba al hablante con algún comentario vago:

—Bueno, dadas las circunstancias...

No cabía duda de que en todo aquello había una sombra de misterio. Pero una sombra que era fácil de olvidar en los días llenos de experiencias maravillosas en esos viajes a La Habana: una visita al zoológico recién construido, con la hermosa estatua de gráciles venados a la entrada; los paseos por el Malecón al anochecer, donde comíamos helados de exquisitos sabores tropicales, coco, mango, guanábana, níspero, mientras las olas enormes rompían contra el muro del Malecón en cascadas de espuma. Había días deliciosos en la playa, en la cercana Santa María del Mar, en Guanabo, o aun en Varadero, más lejana, pero de arena incomparable.

Hacíamos excursiones, cruzando la bahía en los barcos de

madera que hacían la travesía, al Castillo del Morro, la vieja fortaleza española, a la entrada del puerto. Allí veíamos las imponentes murallas de piedra, gruesas e impenetrables, que fueron construidas para que no pudieran derrumbarlas los cañonazos de los barcos piratas o los buques británicos. Allí había torreones que escalar y sótanos que nos atemorizaban; y, muy profundamente escondido, el secreto de que mi propio abuelo Medardo había estado prisionero en el Morro por haber denunciado la tiranía del dictador Machado en su periódico. En esa época nadie me había explicado todavía que el horrible encarcelamiento había destruido su salud. Todos querían olvidar, y más aún, evitar que los niños supiéramos que había sufrido hambre y tortura. Así que simplemente me enorgullecía en silencio por su heroísmo.

Y luego, por fin, era la hora de decir adiós a tías, tíos, primas y primos, y el largo viaje a casa, ya en tren, ya en ómnibus, atravesando valles punteados por orgullosas palmas reales, que mecían al aire sus pencas.

Una vez, mi madre y mi hermana regresaron a Camagüey en el auto de mi tía Mireya. Y mi padre y yo nos quedamos para regresar más tarde en el tren. Mi padre tenía algunas gestiones que resolver en La Habana Vieja. Como siempre, mientras caminábamos por las calles, me instaba a levantar la vista y observar las ricas fachadas de los edificios habaneros, decorados con estatuas y cornisas, con cornucopias y arabescos, aunque penosamente sucios por la polución producida por los vehículos, y a ratos ocultos por anuncios de neón y pancartas políticas.

Cuando mi padre terminó sus gestiones, me sugirió que visitáramos a sus tíos. Me sorprendí, porque nunca había oído hablar de sus tíos. Y me entusiasmé, porque todo lo que compartía con mi padre, desde los viajes al campo hasta el contemplar las estrellas, siempre estaba lleno de revelaciones extraordinarias.

Los tíos de mi padre vivían en las afueras de La Habana. Mientras esperábamos en una esquina bulliciosa, y veíamos pasar, una tras otra, guaguas congestionadas que no se detenían, mi padre empezó a contarme sobre su tía Isela y su esposo. Y al hacerlo, me reveló el misterio de mi tío Manolo.

—Mis tíos nunca tuvieron hijos —me dijo mi padre—. Mi tía, que era la hermana menor de mi madre, vivió con nosotros cuando mis hermanos y yo éramos pequeños. Amaba a los niños y echaba de menos el no tener ninguno en casa. Así que decidieron adoptar a una niñita de la Casa de Beneficencia.

Yo conocía el viejo orfelinato, que se alzaba en la calle Belascoaín, justamente frente a la casa de mi tía Mireya. Como mi tía vivía en el tercer piso, a menudo observaba desde el balcón a los niños jugando en el enorme patio central del imponente edificio.

Mi padre continuó:

—Todo fue bien por unos años. Querían a la niña como si fuera su propia hija, y estaban muy felices de tenerla. Pero cuando empezó a crecer, ocurrió algo terrible.

Se le entristeció la voz y yo esperaba anhelante. En ese momento, se detuvo una guagua y un montón de personas se bajaron. Subimos, empujando y escurriéndonos, mi padre por delante, abriendo los brazos para protegerme. Por varias cuadras viajamos de pie, apretujados entre tantos cuerpos. Pero a medida que la guagua se alejaba de la ciudad, mi padre fue guiándonos hacia el fondo y al final logramos sentarnos.

Con toda impaciencia pregunté:

—¿Qué fue lo que pasó que era tan horrible?

—Lo que pasó —me dijo— es que descubrieron que la chica tenía una enfermedad terrible, pero muy terrible. Es una vieja enfermedad que los humanos hemos conocido por mucho tiempo. Siempre se ha pensado que es incurable, y peor aún, muy contagiosa. Es una enfermedad llamada lepra.

La palabra me desconcertó. La había oído, pero siempre en referencia a lugares remotos y tiempos lejanos. Yo había leído historias de Rodrigo Díaz de Vivar, El Cid Campeador, el bravo héroe castellano que había luchado contra los moros por la independencia de su tierra natal. Rodrigo, que era tan justo que sus propios enemigos le habían dado el nombre de *Mio Cid*, Mi Señor, se había quitado una vez el guantelete de acero para darle la mano a un leproso. Muchos consideraban que, entre todas sus hazañas, esta era la mayor. En mi propio pueblo había una leyenda sobre el viejo asilo de leprosos, el Asilo de San Lázaro, cuyo edificio todavía existía. Pero ahora solo vivían allí ancianos sin hogar, y yo creía que en Cuba ya no existían leprosos.

—¡Qué horrible! —fue todo lo que pude decir.

—Sí —dijo mi padre, y continuó:

"No sabían que hacer. Los médicos les dijeron que no

había ninguna esperanza de curación, pero que por ley tenían que hospitalizarla.

"Era muy difícil para ellos separarse de la niña a la que tanto querían. Así que se mudaron al lugar donde hoy viven. Su casa está justo en frente del lazareto, el hospital para leprosos.

"Las visitas al hospital eran bastante restringidas. Pero como mi tía vivía enfrente, le era posible hablarle a su hija a través de la cerca, y podía verla jugar en el patio con otras niñas. Y podía traerle comida de la casa, sus frutas favoritas, un postre especial.

"El director y el personal del hospital se conmovieron al ver tanta devoción. Muchos de los familiares de los leprosos los abandonan una vez que están hospitalizados. Mientras más tiempo llevan los leprosos en el hospital, menos los visitan.

"Los médicos también se preocuparon de explicarle a mi tía de los peligros de contagio. Mi tía se limitó a recordarles que ellos estaban corriendo un riesgo todavía mayor. Impresionados por su valor y devoción, le abrieron las puertas. Podía entrar cuando quisiera.

"Y lo hizo. Se volvió confidente de las muchachas. Escuchaba su tristeza, su rabia, su dolor y sus sueños. Les hablaba a los pacientes jóvenes y a los ancianos. Y se convirtió en amiga de todos. Se preocupaba de saber cuándo eran los cumpleaños, y les traía cosas de comer para que las compartieran todos los que cumplían años el mismo mes. Les donó su propio radio, ya que nunca estaba en casa para escucharlo. Oír la radio se convirtió en uno de los pocos pasatiempos que podían compartir.

Recolectaba revistas viejas y los periódicos del día después de que los vecinos los habían leído, aunque quienes vivían cerca del hospital tenían, ellos mismos, muy poco que compartir.

”Pero probablemente fueron sus sonrisas, sus palabras y el hecho de que los veía como las personas que eran, y no simplemente como enfermos, lo que hacía que la quisieran tanto.

”Sin tener en cuenta cuánto la lepra empezó a deformar y destruir el cuerpo de su hija, siempre hablaba de su belleza, porque podía ver más allá del cuerpo enfermo a la persona que tanto amaba”.

Yo lo escuchaba admirada cuando, de pronto, el relato dio un giro inesperado.

“Mi hermano Manolo —me dijo mi padre— siempre pensó en ser médico. Cuando nuestra madre se enfermó y murió, se convenció de que eso era lo que quería ser. Tan pronto terminó su bachillerato en el Instituto de Camagüey, le pidió a mi padre que lo dejara matricularse en la Universidad de La Habana.

”Se fue a vivir en una casa de huéspedes en el Vedado, cerca de la Universidad, y se concentró completamente en sus estudios. Como extrañaba a la familia, buscó a la tía Isela. Desde que había muerto nuestra madre, la tía Isela siempre nos enviaba tarjetas de Navidad y nos escribía para felicitarnos el día de nuestros cumpleaños. Siempre enviaba saludos de su hija y nos decía qué hermosa y sensible era. Hasta me sospecho que en su primera visita, mi hermano Manolo no solo estaba deseando ver a nuestra tía, después de tanto tiempo, sino también conocer a la encantadora prima.

"Al principio se quedó atónito al enterarse de lo que mi tía no había querido contar en sus cartas. Me confesó que ni sus estudios ni su decisión de ser médico lo habían preparado para la deformidad y el dolor que vio en su primera visita al hospital de leprosos. Pero después de esa primera visita no podía dejar de pensar en ello. 'Ahora sé claramente —les dijo a mis tíos en su próxima visita— por qué quería en realidad ser médico, y ahora sé dónde voy a ejercer'.

"Ellos lo escucharon con cariño y comprensión, sin animarlo ni disuadirlo. Y él no volvió a mencionarlo. Pero en las pocas ocasiones en que Manolo salía con alguna muchacha, siempre le dejaba saber sus planes. Algunas trataron de disuadirlo, otras se rieron con nerviosismo y se negaron a volver a salir con él.

"Así que él pensó que nunca se casaría. Pero una enfermera en el Hospital Calixto García, donde los estudiantes de medicina hacían su internado, había observado al estudiante brillante y tranquilo. Ella era unos años mayor que él, pero era tan delgada y menuda que parecía menor que sus años. Cuando se encontraban para tomar una taza de café, casi siempre en las noches en que él estaba de guardia y ella ya había terminado su turno, ella le preguntaba cuáles eran sus planes; y él le hablaba de los leprosos, de su dolor, su aislamiento, su abandono.

"Por fin, ella le preguntó una vez: '¿Cuándo piensas volver a ir por allí?'. Y cuando él se lo dijo, ella le pidió que la dejara acompañarlo. Y así, la primera cita de Manolo e Isabel fue una visita al hospital de los leprosos —me dijo mi padre, como si se lo estuviera explicando todo a sí mismo—. De regreso a casa, él le pidió que se casara con él y ella aceptó. 'Siempre y cuando no tengamos hijos. Yo no podría soportar el dolor de contagiarle esta enfermedad a un niño. Que los pacientes sean nuestros hijos'".

Y así por fin supe cuál era el secreto que hacía que la gente se callara cuando hablaban de mi tío Manolo y de mi tía Isabel. Mi tía y mi tío no eran animados y chistosos, divertidos o enérgicos como la familia de mi madre, pero su exterior reservado escondía un corazón abierto y generoso.

Capítulo 9

La leyenda del aura blanca

El fértil paisaje cubano

Las calles tranquilas del Camagüey actua

La VIEJA CASONA en la que nací, la Quinta Simoni, y la casita minúscula a su lado, donde vivía mi bisabuela Mina, eran las dos últimas casas en la calle General Gómez, justo antes de llegar al río Tínima. Junto al río se alzaba la estación de radio *La Voz del Tínima*, que le pertenecía a mi abuelo Modesto, y un alto puente, sobre la profunda garganta, unía las dos márgenes del Tínima.

Era posible pasarse horas contemplando el río desde el puente, como yo lo hacía a menudo, mirando a los patos sumergirse en busca de comida, o deslizarse ágiles y gráciles sobre la superficie del agua. Me fascinaba observar los rebaños de chivos, blanco sobre negro, negro sobre blanco, paciendo junto a las márgenes. Al otro lado del río estaba la herrería, donde hombres sudorosos, con grandes delantales de cuero, fabricaban herradura tras herradura, o sostenían entre sus rodillas la pata doblada del caballo que estaban herrando.

Si uno seguía caminando más allá del puente, se encontraba unas cuantas casas diseminadas, una bodega o tienda de abarrotes en una esquina, el Cuartel Agramonte, la guarnición militar y, por último, dos asilos, uno de niños huérfanos y el Asilo de San Lázaro. Inicialmente, este había sido un leprosorio, y sobre él existía una hermosa leyenda recontada por nuestra propia Tula.

Tula era Gertrudis Gómez de Avellaneda, un ídolo para algunas de nosotras, las niñas y muchachas camagüeyanas. Nacida en Camagüey, en 1814, Tula se había ido joven a España, cuando su madre viuda se casó con un español. En Madrid, Tula publicó poesía y obras de teatro, tuvo una apasionada aventura amorosa y se convirtió en un gigante entre los autores del Romanticismo. Nunca se olvidó de Cuba, y su amor por la isla de las palmas majestuosas aparece una y otra vez en su obra. Más tarde en su vida, regresó a su patria, aunque no a su pueblo natal. Para mí era muy emocionante haber nacido en la misma ciudad que esta gran escritora.

Su leyenda del aura blanca me fascinaba, porque conocía los lugares de los cuales hablaba, que en verdad no habían cambiado mucho en los últimos cien años. Sí, era cierto que ahora había electricidad, teléfonos y automóviles, pero en lo esencial Camagüey seguía siendo todavía un pueblo muy tranquilo, donde la mayoría de las personas se conocían, donde las tiendas cerraban al mediodía para dormir la siesta, donde año tras año se celebraban las mismas fiestas y donde todavía algunos tenían mucho mientras otros pedían limosna por la calle.

Una cosa que había cambiado era que ya no había leprosos en el viejo Asilo de San Lázaro; ahora solo vivían allí ancianos. En comparación a los viejecitos que pedían limosna por las calles, los que vivían en el asilo se veían bien atendidos, aunque se vieran solos.

El Asilo de San Lázaro había sido fundado por un sacerdote

bienintencionado, el padre Valencia, para alojar a los muchos leprosos que en esa época rondaban por las afueras de la ciudad.

Este hombre generoso dio su vida a los leprosos, tanto cuidándolos como pidiendo limosna para alimentarlos. Era un predicador elocuente y su corazón se sentía tan conmovido por el dolor de los leprosos que era capaz de conmover el corazón de otros. Cada vez que predicaba en el pueblo, conseguía recolectar dinero para construir, lentamente, pero sin tregua, su asilo.

El padre Valencia no se gastaba nada en sí mismo. Para fortalecer su espíritu, vivía como un asceta. Dormía en un par de tablas sostenidas por ladrillos y usaba un ladrillo como almohada.

A diario recorría el pueblo, tocando a las puertas, pidiendo caridad para los leprosos. Y mientras él vivió, a los leprosos no les faltó nada. Pero todos morimos, incluso los más santos. Y después de una larga vida dedicada al servicio de otros, el padre Valencia murió.

Otros sacerdotes tomaron su lugar, pero no poseían la elocuencia del padre Valencia, ni su determinación para caminar por las calles. Y así disminuyeron las limosnas y por último desaparecieron por completo. Al final, convencidos de que era imposible mantener el asilo abierto, los sacerdotes también se marcharon. Solo quedaron los leprosos, los leprosos hambrientos y abandonados.

Y entonces, una mañana en que los desafortunados se reunieron en el patio central a iniciar otro día de miseria, un ave sorprendente descendió entre ellos.

El campo de Cuba es rico en pequeños animales salvajes y también abundan las auras, una especie de buitres. Se ven, casi todos los días, volando muy alto, con las enormes alas desplegadas, negro ébano contra el cielo celeste, buscando los animales muertos que les sirven de alimento.

La gente sabe que estas aves son útiles, ya que limpian el campo de animales muertos. Y si bien de cerca no son precisamente bellas, cuando vuelan en lo alto se ven majestuosas.

El ave que apareció entre los leprosos era un aura. Pero era un aura doblemente sorprendente. En primer lugar, había descendido entre ellos, sin demostrar ningún tipo de temor, una conducta inusitada. y, en segundo lugar, esta aura, al contrario de todas las que se ven volando con frecuencia, era completamente blanca.

—¡Un milagro! ¡Un milagro! —gritaron los leprosos.

—Ha aparecido cuando yo pensaba en el padre Valencia —dijo uno de ellos.

—Precisamente cuando yo le estaba rezando para que no nos abandonara —añadió otro.

Y aunque el asilo estaba lejos del pueblo, la noticia se extendió inmediatamente. Los campesinos que iban camino del mercado llevaron la noticia. Y personas que nunca hubieran pensado visitar el asilo, ahora no podían detenerse. ¡Un aura blanca! Nunca se había visto esto antes.

Y fueron todos a ver el ave, que los leprosos habían colocado en una tosca jaula construida por ellos mismos. Y recordaron al padre Valencia, cuyas palabras de caridad y compasión, que habían olvidado, volvieron a tocar sus corazones. Y se conmovieron al ver a los leprosos que se alejaron para que la gente se acercara a admirar al ave. Y empezaron a llegar de nuevo donaciones.

El aura blanca vivió por varios años. La gente se preguntaba si era solo un aura albina, y discutían por qué nunca antes se había visto una, y por qué nunca se ha vuelto a ver otra.

Para los leprosos, el aura fue fuente de inspiración y consuelo. Los que habían conocido al padre Valencia, sintieron su presencia entre ellos y su memoria les brindó fuerza y valor. Sabían que más allá de sus cuerpos enfermos existía algo brillante y luminoso. Quienes no habían llegado a conocer al padre Valencia, ahora se enteraron de su historia, y viendo cuánto consuelo les ofrecía su memoria a sus compañeros, se sintieron también inspirados.

Cuando el aura murió, la embalsamaron y la pasearon por toda la isla. Y de cada lugar que el aura visitaba llegaban donaciones para los leprosos.

Años más tarde, el gobierno centralizó el tratamiento de los enfermos de lepra. El Asilo de San Lázaro pasó a ser el Asilo Padre Valencia, y se dedicó al cuidado de ancianos. Sin embargo, todavía usábamos el antiguo nombre, porque en un pueblo como Camagüey es difícil olvidar los nombres tradicionales. En mi juventud, la celda del padre Valencia se conservaba intacta. Y podían verse las tablas que en un tiempo usó de cama, el ladrillo sobre el cual reposaba su cansada cabeza y, en una percha de madera, el cuerpo disecado de la misteriosa aura blanca.

Capítulo 10

Temporal

La familia en el portal de la Quintica

La Quintica, construida por
mi padre en 1950

Cuando yo era pequeña, mi abuela entraba silenciosamente todas las mañanas a mi cuarto mientras yo dormía. Me despertaba en sus brazos, con fragancia de ylang-ylang, que recogía de un árbol frondoso a la entrada de la casa y que, después de seco, ponía en todas sus gavetas. Me ayudaba a vestirme y luego me llevaba de la mano a ver las vacas y a tomar un vaso de leche espumosa, recién ordeñada.

La mejor de las vacas, la de leche más cremosa y abundante, se llamaba Lolita, igual que mi abuela. A nadie le parecía irrespetuoso. Era común ponerle a una vaca el nombre de su dueña.

Pero cuando cumplí siete años nos mudamos a la ciudad, después de la muerte de mi tío Medardo, y vendieron todas las vacas. Vivimos en la ciudad por unos años, pero luego regresamos a vivir en la Quinta Simoni, esta vez no en la vieja casona, sino en la Quintica, una casita construida por mi padre junto al río, con sus propias manos. La casona era demasiado grande. Ahora que la familia se había dispersado, no podíamos mantenerla, y se la alquiló a una agencia de camiones. Entonces, un primo de mi madre, que era dueño de una hacienda, nos dio una vaca. La dejábamos pastar libremente en un potrero al otro lado del río. Una vez al día, un campesino vecino la ordeñaba.

Mi madre le puso de nombre Matilde, como la esposa del primo que se la había regalado. Era una vaca negra con manchas blancas, y desde el día que llegó no nos faltó nunca leche fresca. La leche era tan cremosa que guardábamos a diario la nata para hacer mantequilla.

Todos los días, yo ponía la nata en el refrigerador. Una vez a la semana, la ponía en un bol y la batía por largo rato con una cuchara de palo. A medida que se endurecía, le agregaba cubitos de hielo y la seguía batiendo. Luego, enjuagaba la crema endurecida con agua fría. En las primeras lavadas, el agua salía lechosa, pero seguía enjuagándola hasta que el agua quedaba completamente clara y la mantequilla fresca formada en el fondo del bol, estaba lista para que le echara la sal y se la untáramos al pan calentito, acabado de traer por el panadero.

La vaca Matilde nos daba tanta leche porque iba a tener un ternero. Y no nos poníamos de acuerdo sobre qué nombre le pondríamos. ¿Lo llamaríamos Felipe, como el primo que nos había regalado la vaca? ¿O Lolita, como la vaca favorita de mi abuela?

Una noche despertamos sobresaltados por el ruido de un trueno. Un rayo había caído cerca de la casa, que se sacudió como si hubiera habido una explosión. Mi padre dijo que le parecía haber oído a la vaca Matilde mugiendo como si se quejara.

Nadie más había oído nada, excepto el ruido de los truenos y un tamborileo de lluvia. Pero mi padre, que se enorgullecía de su buen oído, se puso su chaqueta de cuero y se adentró en el torrente de agua que seguía cayendo con fuerza. La luz tenue de su linterna nos dejaba saber que se había ido en dirección al puente de madera. Con tanta lluvia, el río estaría demasiado crecido para cruzarlo por el vado. Mi madre y yo nos quedamos levantadas para esperarlo. Mi madre calentó leche y puso a hervir agua para colar café. Muy pronto, el fuerte aroma del café recién colado inundaba la casa.

Acepté una taza de leche caliente con unas gotas del espeso café y, muy pronto, me quedé dormida en un sillón. Cuando la tormenta volvió a despertarme, mi madre estaba en el portal. Me uní a ella justo en el momento en que el viento lanzaba una ráfaga de lluvia contra el portal, empapándonos. Pero mi madre no quiso entrar a la casa. Buscaba en la oscuridad alguna señal de mi padre.

De pronto, un relámpago alumbró lo que parecía un monstruo horrible. Aunque más bajo que un hombre, tenía una cabeza monstruosa, que me recordó al Minotauro, en uno de los libros de mitología de mi abuela. Temblé de pavor.

Mi madre, en cambio, corrió hacia la figura, ahora envuelta por las sombras de la noche, que se acercaba hacia la casa. Sin saber muy bien qué hacer, la seguí. Y entonces, otro relámpago volvió a romper la oscuridad. Y como si el rayo lo hubiese partido en dos, el monstruo se separó en dos partes al colocar mi padre, sobre sus patas inseguras, al ternero que había traído cargado sobre los hombros. Matilde, que había seguido a mi padre y su ternero bajo la tormenta, estaba ahora al lado del ternerito tembloroso.

—¿Y si lo llamáramos Temporal? —preguntó mi padre

mientras se quitaba la chaqueta. Mi madre se echó a reír. No cabía duda de que Temporal era el nombre perfecto. Y siguió riéndose mientras trataba de secarle el rostro a mi padre. Juntos entraron a la casa.

Yo me quedé afuera, empapada, observando a Matilde lamer su ternero, como si la lluvia, que se había ido volviendo más y más suave, no fuera suficiente para limpiarlo.

Epílogo

Mi padre, mi hermana Flor, yo y mi madre

LA VIDA EN una vieja ciudad colonial tenía un sabor especial. El tiempo parecía moverse muy lentamente; cada día, una repetición del anterior. Toda experiencia fuera de lo ordinario recibía una enorme cantidad de atención y se convertía en un foco de conversación por muchos días.

Para una niña deseosa de entender la vida, nuestro pueblo ofrecía una inmensa riqueza de información, solo con observar la conducta de las personas. Era sorprendente que, entre un número relativamente pequeño de personas, pudiera haber tal diversidad. Cada persona era un mundo propio.

Hoy, muchos años más tarde, y desde una gran distancia en tiempo y espacio, descubro que mucho de lo que aprendí entonces está muy fresco en mi memoria y continúa ayudándome a entender la vida y sus misterios.

Ojala estos relatos te ayuden a ver la riqueza que te rodea... y la riqueza que se encierra dentro de ti.

Agradecimiento

ESCRIBIR UN LIBRO de memorias invita a la reflexión. Al escribir este, me inunda un sentimiento de gratitud.

Gratitud hacia mis abuelos, mis padres, tías y tíos, que alimentaron mi niñez con su cariño y la enriquecieron con su ejemplo y sus relatos.

Gratitud hacia mis hijos, Rosalma, Alfonso, Miguel y Gabriel Zubizarreta Ada, que han sido una fuente constante de inspiración para mi creatividad y de apoyo en todos los aspectos de mi vida.

Gratitud a Isabel Campoy por su presencia generosa y por añadirle gozo y belleza al camino.

A mis nietos, que son una continua renovación de la esperanza.

A todos mis alumnos, que por más de medio siglo me han permitido aprender a su lado y ver la vida a través de sus ojos.

A bibliotecarios y bibliotecarias, maestras y maestros, mi agradecimiento por su labor constante para facilitar "el encuentro mágico" entre lectores y libros. Que continúen viendo florecer sus esfuerzos es mi mayor deseo.

A Emma Ledbetter, por haber sido pastora cuidadosa de este proyecto. No hubiera podido tener nunca mejor editora. Nuestra colaboración ha sido un placer inmenso.

Y a toda la maravillosa familia de Atheneum. Durante el

proceso encantador de publicar en Atheneum 17 libros durante los últimos 17 años, me he sentido apoyada y estimulada por todos y cada uno en el equipo de producción, desde el director general de ediciones hasta los correctores de pruebas.

Hacen falta muchas mentes y muchas manos para que un libro cobre vida y agradezco a todos, a Justin Chanda, editor, por el amable entusiasmo con que ha recibido este libro y otros anteriores; a Clare McGlade, jefa de producción, por ayudar al libro a tomar su forma final; a Lauren Rille, diseñadora, por haber encontrado el modo de combinar los distintos elementos de este libro en un grato formato; a Tom Finnegan, corrector, por ayudarme a atrapar los evasivos y traviesos errores tipográficos; y a Elizabeth Blake-Linn, por convertir el archivo digital en un libro tangible.

También quiero agradecer a quienes ayudan a dar a conocer el libro a bibliotecas y escuelas, especialmente a Michelle Leo y Candace Greene-McManus.

La publicación en español de este libro aumenta la lista de agradecimientos.

A Isabel Mendoza, por acoger la idea de publicar este libro en español en Santillana como ha hecho con otros anteriores. A todos les ha dado el mismo calor que a tantos otros de mis libros nacidos en español y publicados originalmente en Santillana. Trabajar juntas es siempre un motivo de alegría.

A Gabriela Prati, que sabe cuidar de los manuscritos con eficiencia y simpatía, a Ana Antón, por una meticulosa revisión del texto en español, y a todo el equipo de la Editorial Santillana. A lo largo de 26 años y 79 títulos, la mayoría de ellos publicados en dos idiomas, he disfrutado de una colaboración creativa, fructífera y de gran solidaridad a todos los niveles.

Debo un reconocimiento especial a mi hija Rosalma, que pacientemente revisó cada línea de la versión en inglés de este libro para ayudarme a decir exactamente lo que quería decir, en el modo en que quería decirlo. Valoro cada momento que compartimos dándole forma a cada oración. Mi admiración y amor por ti continúa creciendo mientras me regocijo siendo testigo de tu crecimiento.

Glosario

Algunas palabras tienen varias definiciones; aquí se ofrece la que corresponde al uso de la palabra en este libro.

abarrotado: Lleno.

afilador: Persona que afila cuchillos y herramientas. En este libro se habla de los afiladores que iban por las calles, ofreciendo este servicio.

alfarero: Fabricante de ladrillos y tejas de barro.

algarrobo: Árbol originario de México, el Caribe y la parte norte de América del Sur.

aljibe: Depósito subterráneo para almacenar agua de lluvia.

ambrosía: Alimento legendario de los dioses y diosas del Olimpo.

anón, anones: Fruta tropical.

árbol de carolinas: Un árbol frondoso que pierde todas las hojas una vez al año antes de florecer. Se llena de capullos que semejan tabacos, por su forma y color. Los capullos encierran flores, rojas o blancas, que no tienen pétalos, sino una corola de múltiples pistilos.

ateje: Árbol originario de Cuba. Su madera se utiliza para tallas artísticas. Sus frutos, pequeños y rojos, son muy apreciados por las gallinas.

azotea: Techo plano accesible.

balance: Mecedora.

barrilete: Papalote, cometa, chiringa, huila, papagayo.

biajaca: Pez de río.

boniato: Camote.

cabilla: Barra de hierro.

caimito: Fruta tropical.

camposanto: Cementerio.

carriola: Patineta.

chirimoya: Fruta tropical de la familia del anón y la guanábana.

empinar: Elevar, remontar, encampanar (un papalote).

farola: Farol o lámpara de papel sostenida en el extremo de un palo, usada por las comparsas.

guagua: Autobús, ómnibus, bus, camión (México).

guajacones: Pequeños peces de río, originarios de Cuba.

guajira: Composición musical del campo de Cuba, donde a los campesinos se les llama guajiros.

guano: Palma cana, una especie de palma, no demasiado alta, cuyas pencas se usan para techar los bohíos y para tejer sombreros, cestos, etc.

güines: Especie de juncos rígidos usados para fabricar la armazón de los papalotes.

jicotea: Tortuga de agua dulce.

malanga: Tubérculo comestible, blanco y poroso.

marabú: Planta espinosa, muy invasiva.

marañón: Cajuil, fruta tropical agridulce, roja o amarilla. La semilla, en forma de riñón, crece fuera del fruto y es muy apreciada para comerla tostada.

melocotón: Durazno.

néctar: Bebida legendaria de los dioses y diosas del Olimpo.

níspero: Fruta tropical deliciosa también llamada sapodilla o chicozapote.

ñame: Tubérculo comestible.

pisa: Espacio circular, en el cual se rompe y ablanda el barro por medio de una gran rueda de hierro.

pizarra: Pizarrón.

plancha: Carro de cuatro ruedas, con una base plana de madera, sin barandas, para llevar cargas. Tirado por un caballo o un mulo.

quinta: Casa de campo, hacienda.

renacuajo: Estado en la metamorfosis de la rana o el sapo, en el cual todavía no tiene patas y no ha perdido la cola.

saltar a la suiza: Saltar la cuerda.

saltar a pie cojita: Saltar en un pie.

siboney, siboneyes: Uno de los grupos indígenas de las Antillas.

trusa: Traje de baño.

tumbadora: Conga, tipo de tambor.

viandero: Vendedor de viandas, tubérculos y otras verduras.

yuca: Tubérculo comestible, muy apreciado.

Personas mencionadas en este libro

Familia materna

Alma Lafuente Salvador —madre

Flor Alma [Florecita] Ada Lafuente —hermana

Medardo Lafuente Rubio —abuelo materno

Dolores [Lola] Salvador Méndez, "Mi paraíso" —abuela materna

Federico Salvador Arias —bisabuelo materno

Marcelina [Mina] Méndez Correoso —bisabuela materna

Genoveva Méndez Correoso —hermana de Marcelina, tía bisabuela

Virginia Lafuente Salvador —tía

Virginita —prima, hija de tía Virginia

Jorge —primo, hijo de tía Virginia

Mireya Lafuente Salvador —tía

Medardo [Medardito] Lafuente Salvador —tío

Geraldina Varela —tía, esposa de Medardo

Nancy —prima, hija de tía Geraldina y Medardito

Lolita Lafuente Salvador —tía

Manolo Antonio Díaz Estrada —tío Tony, esposo de tía Lolita

Mireyita —prima, hija de tía Lolita y tío Tony

Familia paterna

Modesto Ada Rey —padre
Modesto Ada Barral —abuelo
María Rey Paz —abuela
Manolo Ada Rey —tío
Mario Ada Rey —tío

Otros personajes

Ignacio Agramonte —patriota cubano
Amalia Simoni —esposa de Ignacio Agramonte
Félix Caballero —agrimensor, amigo de Modesto Ada Rey
Samoné —trabajador en la Quinta Simoni
Emilio Pimentel —cuidador de la Quintica
Zenaida —niña contorsionista en el circo
Gladys Carnero —maestra, Colegio Episcopal de San Pablo
Gilda Zaldívar Freyre —maestra de ballet
Coralia —antigua niñera de Alma Lafuente
Míster Charles —profesor de francés
Madame Marie —señora francesa judía refugiada

Aquí acaba este libro
escrito, ilustrado, diseñado, editado, impreso
por personas que aman los libros.
Aquí acaba este libro que tú has leído,
el libro que ya eres.